Fome

Roxane Gay

Fome

Uma autobiografia do (meu) corpo

Tradução: Alice Klesck

GLOBOLIVROS

Texto fixado conforme as regras do Acordo Ortográfico da Língua Portuguesa
(Decreto Legislativo nº 54, de 1995).

Título original: *Hunger*

Editora responsável: Amanda Orlando
Editora assistente: Elisa Martins
Assistente editorial: Milena Martins
Preparação de texto: Lorena Piñeiro
Revisão: Erika Nogueira e Ana Maria Barbosa
Diagramação: Gisele Baptista de Oliveira
Capa: Bloco Gráfico
Imagem de capa: Michael Wendt/EyeEm/Getty Images

1ª edição, 2017

CIP-BRASIL. CATALOGAÇÃO-NA-FONTE
SINDICATO NACIONAL DOS EDITORES DE LIVROS, RJ

G247f
Gay, Roxane, 1974-
Fome: uma autobiografia do (meu) corpo / Roxane Gay; tradução Alice Klesck. - 1. ed. - São Paulo: Globo, 2017.

Tradução de: Hunger
ISBN 978-85-250-6469-1

1. Gay, Roxane, 1974-. 2. Vítimas de estupro - Estados Unidos - Biografia. 3. Autobiografia. I. Klesck, Alice. II. Título.

17-44766 CDD: 920.93641532
CDU: 929:343.541-055.2

Direitos de edição em língua portuguesa para o Brasil
adquiridos por Editora Globo S. A.
Av. Nove de Julho, 5229 — 01407-907 — São Paulo — SP
www.globolivros.com.br

para você, minha luz do sol, que me mostra
aquilo de que já não preciso e encontra
o caminho para minha ternura

I

Capítulo 1

Todo corpo tem uma história e um histórico. Aqui, eu ofereço os meus, com uma autobiografia do meu corpo e da minha fome.

Capítulo 2

A HISTÓRIA DO MEU CORPO não é uma história de triunfo. Esta não é uma autobiografia sobre perda de peso. Não haverá uma foto da minha versão magra, meu corpo esbelto adornando a capa deste livro, eu de pé dentro de uma das pernas do jeans de quando eu era mais gorda. Este não é um livro que irá oferecer motivação. Eu não tenho nenhum *insight* poderoso quanto ao que é necessário para superar um corpo e um apetite indisciplinados. Minha história não é uma história de sucesso. Minha história é simplesmente uma história verdadeira.

Eu gostaria muito, muito mesmo, de poder escrever um livro sobre perda triunfante de peso e sobre como aprendi a conviver, de maneira mais eficaz, com meus demônios. Eu gostaria de escrever um livro sobre estar em paz e amar a mim mesma, inteiramente, de qualquer tamanho. Em vez disso, eu escrevi este livro, que foi a experiência mais difícil da minha vida, algo bem mais desafiador do que eu jamais imaginara. Quando me dispus a escrever *Fome*, eu estava certa de que as palavras viriam facilmente. Da maneira como elas geralmente vêm. E o que poderia ser mais fácil do que escrever sobre o corpo que habito há mais de quarenta anos? Porém, logo percebi que não estava apenas escrevendo uma autobiografia do meu corpo; eu estava me forçando a olhar o que meu corpo havia suportado, o peso que eu havia ganhado e o quão difícil tem sido conviver com esse peso, assim como perdê-lo. Tenho sido forçada a olhar para os meus segredos mais culposos. Eu me abri totalmente. Estou exposta. Isso não é confortável. Não é fácil.

Eu gostaria de ter o tipo de poder e força de vontade necessários para contar uma história bem-sucedida. Estou em busca desse poder e dessa força de vontade. Estou determinada a ser mais do que meu corpo — o que meu corpo suportou, o que meu corpo se tornou. A determinação, contudo, não me levou muito longe.

Escrever este livro é uma confissão. Estas são as partes mais feias, mais fracas, mais desnudas de mim. Esta é a minha verdade. Esta é uma autobiografia do (meu) corpo porque, frequentemente, histórias de corpos como o meu são ignoradas, descartadas ou ridicularizadas. As pessoas veem corpos como o meu e fazem suas suposições. Elas acham que sabem o porquê do meu corpo. Elas não sabem. Esta não é uma história de triunfo, mas é uma história que exige ser contada e merece ser ouvida.

Este é um livro sobre o meu corpo, sobre a minha fome e, no fim das contas, este é um livro sobre desaparecer e estar perdida, e querer muito ser vista e compreendida. Este é um livro sobre aprender, por mais devagar que seja, a me permitir ser vista e compreendida.

Capítulo 3

Para lhe contar a história do meu corpo, devo contar o meu peso quando esteve em seu auge? Eu lhe digo esse número, a verdade vergonhosa que sempre me estrangulou? Digo que sei que não devo considerar vergonhosa a verdade do meu corpo? Ou só lhe digo a verdade, enquanto fico na expectativa, aguardando o seu julgamento?

O máximo que já pesei foi 262 kg, com 1,90 metro de altura. Esse é um número surpreendente em que mal posso acreditar, mas, em determinado momento, essa foi a verdade do meu corpo. Descobri esse número na Cleveland Clinic, em Weston, na Flórida. Não sei como deixei as coisas saírem tanto do controle, mas deixei.

Meu pai foi comigo à Cleveland Clinic. Eu estava com vinte e tantos anos. Era julho. Ao ar livre, fazia calor e estava úmido, a natureza era exuberante. Dentro da clínica, o ar era gélido e antisséptico. Tudo era elegante, com madeira cara, mármore. Eu pensei: *É assim que vou passar as minhas férias de verão.*

Havia outras sete pessoas na sala de reunião — uma sessão de orientações para cirurgia bariátrica. Dois caras gordos, uma mulher ligeiramente acima do peso com seu marido magro, duas pessoas com jalecos e outra mulher grande. Enquanto observava à minha volta, fiz o que pessoas gordas tendem a fazer quando estão perto de mais pessoas gordas — eu comparei o meu tamanho ao deles. Eu era maior do que cinco pessoas, menor do que duas. Pelo menos foi o que eu disse a mim mesma. Por 270 dólares, eu passei boa parte do meu dia ouvindo sobre os benefícios de ter a anatomia drasticamente reduzida para perder peso. Segundo os médicos, essa era "a única terapia eficaz para a obesidade". Eles eram médicos. Supostamente deviam saber o que era melhor para mim. Eu queria acreditar neles.

Um psiquiatra conversou conosco sobre o preparo para a cirurgia, como lidar com a comida, uma vez que nosso estômago tivesse sido reduzido ao tamanho de um polegar, como aceitar o fato de que as "pessoas normais" (palavras dele, não minhas) em nossa vida poderiam tentar sabotar nossa perda de peso por estarem acostumadas a nós como pessoas gordas. Ficamos sabendo como nosso corpo seria privado de nutrientes pelo resto de nossa vida, como jamais poderíamos voltar a comer e beber sem um intervalo de meia hora entre um e outro. Nossos cabelos iriam ralear, talvez cair. Nosso corpo estaria inclinado à síndrome de dumping,* um estado que não requer muita imaginação para decifrar. E, é claro, existiam riscos cirúrgicos. Poderíamos morrer na mesa de operação ou por infecção nos dias após o procedimento.

Era um cenário de boas e más notícias. As más: nossa vida e nosso corpo jamais seriam os mesmos (se chegássemos a sobreviver à cirurgia). As boas: seríamos magros. Perderíamos 75% do excesso de peso ao longo do primeiro ano. Ficaríamos quase normais.

O que aqueles médicos ofereciam era muito tentador, muito sedutor: a ideia de que poderíamos dormir por algumas horas e, dentro de até um ano, a maior parte dos nossos problemas estaria solucionada, pelo menos de acordo com o sistema médico. Isso, claro, se continuássemos a nos enganar quanto a nosso corpo ser nosso maior problema.

Depois da apresentação, houve uma sessão de perguntas e respostas. Eu não tinha nem perguntas nem respostas, mas a mulher à minha direita, a mulher que claramente não precisava estar ali porque ela não tinha mais de 20 kg de sobrepeso, dominou a sessão, fazendo perguntas íntimas, pessoais, que me partiram o coração. Enquanto ela interrogava os médicos, seu marido estava ao seu lado, dando um sorrisinho malicioso. O motivo de ela estar

* Do inglês *dump*: lixo ou gíria para defecar. Alguns dos sintomas da síndrome de dumping são náusea, vômito, sudorese e diarreia severa. (N. E.)

ali ficou claro. Tinha tudo a ver com ele e a maneira como ele via o corpo dela. *É a coisa mais triste*, eu pensei, preferindo ignorar o motivo de eu estar sentada na mesma sala, preferindo ignorar que havia um bocado de gente na minha própria vida que via meu corpo antes de algum dia ter me visto, ou me levado em consideração.

Mais tarde, naquele dia, os médicos mostraram vídeos da cirurgia — câmeras e instrumentos cirúrgicos em cavidades escorregadias, cortando, empurrando, fechando, removendo partes essenciais do corpo humano. O interior tinha um tom esfumaçado de vermelho, rosa e amarelo. Era grotesco e assustador. Meu pai, à minha esquerda, estava pálido, claramente abalado pela exibição brutal. "O que você acha?", ele me perguntou baixinho. "Isso é um show de horrores", eu disse. Ele assentiu. Essa foi a primeira coisa em que concordamos, em muitos anos. Então, o vídeo terminou e o médico sorriu e disse que o procedimento era breve e feito por laparoscopia. Garantiu-nos que já tinha feito mais de 3 mil operações e só perdera um paciente — um homem de 385 kg, disse ele, baixando a um tom de sussurro lamentoso, como se a vergonha do corpo daquele homem não pudesse ser mencionada com força total em sua voz. Então o médico disse o preço da felicidade — 25 mil dólares, descontados os 270 dólares da taxa de orientação, uma vez que o depósito para o procedimento fosse feito.

Antes que terminasse esse tormento, houve uma consulta individual com o médico, numa sala de exames privativa. Antes que o médico entrasse, seu assistente, um estagiário, veio colher as minhas informações vitais. Fui pesada, medida, silenciosamente julgada. O estagiário ouviu meus batimentos cardíacos, sentiu minhas glândulas da garganta, fez algumas anotações adicionais. Meia hora depois, o médico finalmente entrou. Ele me olhou de cima a baixo. Deu uma olhada em meu novo histórico, rapidamente folheando as páginas. "Sim, sim", disse ele. "Você é uma candidata perfeita para a cirurgia. Vamos agendá-la imediatamente." Então, ele sumiu. O estagiário fez os pedidos de exames preliminares necessários e eu fui embora, com uma carta atestando a conclusão da sessão de orientação. Ficou claro que eles faziam isso todos os dias. Eu não era única. Não era especial. Eu era um corpo, um corpo que exigia reparos, e há muitos de nós no mundo vivendo em corpos profundamente humanos.

Meu pai, que estivera aguardando no átrio bem decorado, pôs a mão no meu ombro. "Você ainda não está nesse ponto", disse ele. "Um pouquinho mais de autocontrole. Exercícios duas vezes ao dia. É só disso que você precisa." Concordei, assentindo vigorosamente, mas, depois, sozinha em meu quarto, eu li atentamente os panfletos que havia recebido, sem conseguir desviar os olhos das fotografias de antes e depois. Eu queria e ainda quero desesperadamente aquele "depois".

E lembrei-me do resultado, após ter sido pesada, medida e julgada, do número inimaginável: 262 kg. Achei que conhecia a vergonha, mas naquela noite eu realmente conheci a vergonha. Eu não sabia se algum dia encontraria um caminho para superar a vergonha, rumo a um lugar onde eu pudesse encarar o meu corpo, aceitar meu corpo, mudar meu corpo.

Capítulo 4

Este livro, *Fome*, é um livro sobre viver no mundo quando você não está só alguns quilos acima do peso, nem mesmo 20 kg acima do peso. Este é um livro sobre viver num mundo quando você tem 150, 200 kg de sobrepeso, quando você não é obeso ou obeso mórbido, mas obeso supermórbido, segundo o índice que mede a massa corporal, ou IMC.

"IMC" é um termo que soa tão técnico e desumano que eu sempre fico ávida por descartar a medida. Entretanto, esse é um termo e uma medida que permite ao sistema médico tentar dar uma noção de disciplina para corpos indisciplinados.

O IMC de uma pessoa é seu peso, em quilogramas, dividido pelo quadrado da sua altura, em metros. Matemática é difícil. Há três variações de marcadores que então definem a quantidade de rebeldia que um corpo humano pode carregar. Nos Estados Unidos, se o seu IMC for entre 18,5 e 24,9, você é "normal". Se o seu IMC for 25 ou mais, você está acima do peso. Se o seu IMC for 30 ou mais, você é obeso. Se o seu IMC for maior que 40, você é obeso mórbido. E se essa medida for maior que 50, você é obeso supermórbido. Meu IMC é superior a 50.

Na verdade, muitas designações médicas são arbitrárias. Vale notar que, em 1998, profissionais da medicina, sob a direção do National Heart, Lung and Blood Institute, baixaram o IMC de corpos "normais" para menos de 25 e, ao fazê-lo, dobraram o número de americanos obesos. Um de seus motivos para baixar: "Um número redondo como 25 seria fácil para que as pessoas memorizassem".

Esses termos em si já são um tanto horripilantes. "Obeso" é uma palavra desagradável, que vem do latim *obesus* e significa "ter comido até a gordura", o que, em sentido literal, até que é justo. Mas quando as pessoas dizem a palavra "obeso", elas não estão sendo meramente literais. Estão demonstrando uma acusação. É estranho, e talvez triste, que os médicos tenham inventado essa terminologia quando são incumbidos, primeiramente, de não causar dano. O modificador "mórbido" torna a gordura corporal uma pena de morte, quando não é o caso. O termo "obesidade mórbida" enquadra as pessoas gordas como mortos-vivos, e o sistema médico nos trata em conformidade.

O padrão cultural para a obesidade parece ser quem veste um tamanho maior do que 40, ou alguém cujo corpo não satisfaça, naturalmente, o olhar masculino, ou que tenha celulite nas coxas.

Eu não peso mais 262 kg. Ainda sou muito gorda, mas peso cerca de 70 kg a menos. A cada nova tentativa de dieta, elimino alguns quilos aqui, alguns quilos ali. Isso é relativo. Eu não sou pequena. Nunca serei. Para começar, sou alta. Isso é tanto uma maldição quanto uma graça redentora. Tenho presença, segundo me dizem. Ocupo espaço. Eu intimido. Eu não quero ocupar espaço. Quero passar despercebida. Quero me esconder. Quero desaparecer até obter o controle do meu corpo.

Não sei como as coisas saíram tanto de controle, ou sei. Esse é meu bordão. Perder o controle do meu corpo foi uma questão de acúmulo. Eu comecei a comer para mudar meu corpo. Fui obstinada. Alguns meninos haviam me destruído e eu quase não sobrevivi. Eu sabia que não conseguiria suportar outra violação daquele tipo, e comia porque achava que se meu corpo se tornasse repulsivo, eu poderia manter os homens à distância. Mesmo sendo tão jovem, eu compreendia que ser gorda era ser indesejável para os homens, ter o desprezo deles, e eu já sabia demais sobre o desprezo deles. Isso é o que ensinam à maioria das garotas — que devemos ser magras e pequenas. Não devemos ocupar espaço. Não devemos ser vistas e ouvidas, e, se somos vistas, devemos ser uma visão agradável aos homens, aceitáveis na sociedade. E a maioria das mulheres sabe disso, que nós devemos desaparecer, mas isso é algo que tem de ser dito de forma ruidosa, repetida, para que possamos resistir a nos render àquilo que esperam de nós.

Capítulo 5

O que você tem de saber é que a minha vida é dividida em duas, repartida de forma não muito caprichosa. Há o antes e o depois. Antes de engordar. Depois de engordar. Antes de ser estuprada. Depois de ser estuprada.

Capítulo 6

No “antes” da minha vida, eu era bem jovem e protegida. Não sabia nada sobre nada. Não sabia que podia sofrer, nem conhecia a extensão do que o sofrimento podia ser. Eu não sabia que podia dar voz ao meu sofrimento quando ele ocorresse. Não sabia que havia meios melhores de lidar com meu sofrimento. De todas as coisas, o que eu mais gostaria de ter sabido era que podia falar com meus pais e obter ajuda, e recorrer a outra coisa em vez de comida. Eu gostaria de ter sabido que minha violação não foi culpa minha.

O que eu de fato conhecia era a comida, então eu comia porque compreendia que poderia ocupar mais espaço. Poderia me tornar mais sólida, forte, mais segura. Eu entendia, pelo jeito que notava as pessoas encarando gente gorda, pelo jeito que eu mesma olhava gente gorda, que muito peso era algo indesejável. Se eu fosse indesejável, eu poderia evitar sentir mais dor. Pelo menos, eu esperava poder evitar sentir mais dor, porque, no “depois”, aprendi muito sobre dor. Eu sabia muito sobre dor, mas não sabia o quanto mais uma menina podia sofrer, até que aconteceu comigo.

Porém. Foi isso que fiz. Esse é o corpo que produzi. Sou corpulenta — rolos de carne marrom, braços e coxas e barriga. A gordura acabou não tendo para onde ir, então criou seus próprios caminhos pelo meu corpo. Sou cortada por estrias, bolsas imensas de celulite nas minhas coxas gigantescas. A gordura criou um corpo novo, um corpo que me envergonhava, mas que fazia com que eu me sentisse segura e, mais que qualquer coisa, eu precisava desesperadamente me sentir segura. Eu precisava me sentir como uma fortaleza, impenetrável. Eu não queria que nada ou ninguém me tocasse.

Eu fiz isso comigo. Isso é minha culpa e minha responsabilidade. Isso é o que digo a mim mesma, embora eu não deva arcar com a responsabilidade por este corpo sozinha.

Capítulo 7

Esta é a realidade de viver no meu corpo: eu estou presa numa jaula. O frustrante das jaulas é que você está presa, mas consegue enxergar exatamente o que quer. Você pode estender o braço para fora da jaula, mas só até determinado ponto.

Seria fácil fingir que estou tranquila com meu corpo do jeito que ele é. Eu gostaria de não ver meu corpo como algo pelo qual tenho que me desculpar ou dar explicações. Sou uma feminista e acredito na extinção dos padrões rígidos de beleza que obrigam as mulheres a obedecer a ideais fantasiosos. Acredito que devemos ter definições mais abrangentes de beleza, que incluam diversos tipos físicos. Acredito que é muito importante que as mulheres se sintam confortáveis com seu corpo, sem querer mudar cada coisinha para sentir esse conforto. Eu *quero* acreditar que meu valor como ser humano não reside em meu tamanho, ou na minha aparência. Por ter crescido numa cultura que é geralmente nociva para as mulheres e está constantemente tentando disciplinar o seu corpo, sei que é importante resistir aos padrões insensatos de como o meu corpo, ou qualquer corpo, deve ser.

O que eu sei e o que sinto são duas coisas muito diferentes.

Sentir-me confortável no meu corpo não tem a ver só com padrões de beleza. Não é inteiramente relativo a ideais. Tem a ver com a forma como me sinto em minha pele e em meus ossos um dia de cada vez.

Eu não me sinto confortável no meu corpo. Praticamente tudo que é físico é difícil. Quando me desloco, sinto cada quilo a mais que estou carregando. Não tenho resistência. Ao caminhar por longos períodos, minhas coxas e panturrilhas doem. Meus pés doem. Minha lombar dói. Quase sempre estou sentindo alguma dor. Todas as manhãs, meu corpo está tão rígido que penso na possibilidade de simplesmente passar o dia na cama. Tenho contratura muscular, por isso, se eu permanecer em pé por muito tempo, minha perna direita começa a ficar dormente e depois eu meio que ando aos trancos, até recuperar a sensibilidade.

Quando faz calor, eu transpiro copiosamente, sobretudo na cabeça, depois me sinto constrangida e passo a limpar o suor do rosto constantemente. Rios de suor brotam entre meus seios e se acumulam na minha lombar. Minha blusa fica encharcada e as manchas de suor começam a minar no tecido. Sinto que as pessoas ficam me olhando e julgando por eu ter um corpo tão indisciplinado que transpira de maneira tão arbitrária, que ousa revelar o custo de seu esforço.

Há coisas que eu quero fazer com meu corpo, mas não posso. Se eu estou com amigos, não consigo acompanhar, então estou sempre pensando em desculpas para explicar por que estou andando tão mais devagar que eles, como se já não soubessem. Às vezes, eles fingem não saber e, às vezes, parece que realmente estão alheios à maneira tão diferente com que os corpos se movem e ocupam espaço, como quando me olham e sugerem que façamos coisas impossíveis, como ir a um parque de diversões, caminhar dois quilômetros colina acima, ir a um estádio ou escalar para observar uma bela vista.

Meu corpo é uma jaula. Meu corpo é uma jaula feita por mim mesma. Eu ainda estou tentando descobrir um jeito de sair dela. Venho tentando descobrir uma saída há mais de vinte anos.

Capítulo 8

Ao escrever sobre o meu corpo, talvez eu deva estudar essa carne, a abundância dela, como a cena de um crime. Devo examinar o efeito corporal para determinar a causa.

Não quero pensar em meu corpo como a cena de um crime. Não quero pensar em meu corpo como algo que deu terrivelmente errado, algo que deve ser isolado e investigado.

Será meu corpo a cena de um crime mesmo que eu já saiba que sou a perpetradora, ou pelo menos uma delas?

Ou será que devo me encarar como a vítima de um crime que aconteceu em meu corpo?

Eu sou marcada, de tantas formas, pelo que passei. Sobrevivi, mas essa não é a história completa. Ao longo dos anos, aprendi a importância da sobrevivência e de reivindicar o rótulo de "sobrevivente", mas não me importo com o rótulo de "vítima". Também não vejo vergonha alguma em dizer que, após ter sido estuprada, eu me tornei uma vítima, e até hoje, embora seja muitas outras coisas, ainda sou uma vítima.

Levei muito tempo, mas agora eu prefiro "vítima" a "sobrevivente". Não quero diminuir a gravidade do que aconteceu. Não quero fingir que estou numa jornada triunfante, animadora. Não quero fingir que está tudo bem. Estou vivendo com o que aconteceu, seguindo adiante sem me esquecer, seguindo em frente sem fingir que estou ilesa.

Esta é a autobiografia do meu corpo. Meu corpo foi quebrado. Eu fui quebrada. Eu não sabia como me recompor. Fiquei estilhaçada. Uma parte de mim morreu. Uma parte de mim emudeceu e permaneceu assim por muitos anos.

Eu fui esvaziada. Fiquei determinada a preencher esse vazio, e a comida foi o que usei para construir um escudo ao redor do pouco que restara de mim. Eu comia, comia e comia, na esperança de que, se me tornasse grande, meu corpo estaria seguro. Sepultei a menina que eu havia sido porque ela entrava em todo tipo de confusão. Tentei apagar cada memória dela, mas ela ainda está aqui, em algum lugar. Ainda é pequena, assustada e envergonhada, e eu talvez esteja escrevendo meu caminho de volta para ela, tentando dizer tudo o que ela precisa ouvir.

Capítulo 9

Eu estava dilacerada e, para anestesiar essa dor, eu comia, comia e comia; então, não fiquei apenas acima do peso ou gorda. Menos de uma década depois, eu era uma obesa mórbida e, depois, passei a ser uma superobesa mórbida. Eu estava encurralada dentro do meu corpo, um corpo que fiz, mas que mal podia reconhecer ou compreender. Eu estava infeliz, mas estava segura. Ou, pelo menos, podia dizer a mim mesma que estava segura.

Minhas lembranças do depois são dissipadas, fragmentadas, mas eu me lembro claramente de comer e comer e comer, só para esquecer, para que meu corpo ficasse tão grande que ele jamais fosse quebrado outra vez. Eu me lembro do conforto silencioso de comer, quando eu estava solitária ou triste ou até mesmo feliz.

Hoje sou uma mulher gorda. Não me acho feia. Não me odeio do jeito que a sociedade gostaria que eu me odiasse, mas vivo, sim, no mundo. Vivo nesse corpo, nesse mundo, e detesto a forma como o mundo com frequência reage a esse corpo. Intelectualmente, reconheço que não sou o problema. Esse mundo e sua má vontade de me aceitar e me acomodar são o problema. Mas desconfio de que seja mais provável que eu consiga mudar antes que mudem essa cultura e essas posturas em relação às pessoas gordas. Além de lutar por mudanças no que diz respeito a uma boa relação com o corpo e à autoestima corporal, também preciso pensar na minha qualidade de vida, aqui e agora.

Vivo nesse corpo indisciplinado há mais de vinte anos. Tentei fazer as pazes com esse corpo. Tentei amar, ao menos tolerar esse corpo, em um mundo que não demonstra nada além de desprezo por ele. Tentei seguir adiante, depois do trauma que me compeliu a criar esse corpo. Tentei amar e ser amada. Mantive minha história em silêncio, num mundo onde as pessoas presumem saber o porquê do meu corpo, ou de qualquer corpo gordo. E agora eu estou optando por não continuar em silêncio. Estou traçando a história do meu corpo, desde quando eu era uma menina despreocupada e jovem, que podia confiar no próprio corpo e que se sentia segura nele, até o momento em que essa segurança foi destruída, até as consequências que continuam, mesmo enquanto tento desfazer tudo o que me foi feito.

II

II

Capítulo 10

Há uma fotografia minha. Minha prima mais velha está me segurando no colo, no fim de semana do meu batizado. Ainda sou um bebê, com um longo traje de cetim branco. Nós estamos sentadas num sofá com forro plástico, na cidade de Nova York. Na foto, minha prima é mais velha, talvez com cinco ou seis anos. Eu estou me retorcendo com aquela ira insensata dos bebês, com os membros em ângulos estranhos.

Sou grata por haver tantas fotos minhas durante minha infância, pois há tanto que já esqueci, por um motivo ou outro.

Existem anos e anos da minha vida dos quais não lembro nada. Um membro da família diz "Lembra daquela vez [insira um momento importante em família]", e eu fico olhando vagamente, sem qualquer lembrança desses momentos. Nós temos uma história compartilhada e, no entanto, não temos. Em vários sentidos, esse é o melhor meio de descrever meu relacionamento com a minha família e com quase todas as pessoas da minha vida. Existe a vida ótima que compartilhamos e as partes mais difíceis da minha vida que eles conhecem muito pouco. Não há nenhuma razão ou lógica para o que eu consigo ou não lembrar. Também é bem difícil explicar essa ausência de memória, pois há momentos da minha infância dos quais me lembro como se tivessem sido ontem.

Tenho boa memória. Consigo me lembrar de conversas com amigos quase palavra por palavra, até mesmo anos depois de terem ocorrido.

Lembro-me de como os cabelos da minha professora da quarta série eram louros platinados, ou como me encrenquei em aula, na quarta série, por ficar lendo quando estava entediada. Lembro-me do casamento dos meus tios, em Porto Príncipe, e como o meu joelho inchou como uma laranja depois que fui picada por um mosquito. Lembro-me de coisas boas. Lembro-me de coisas ruins. Mas, quando preciso, eu consigo despir minha memória, e já fiz isso quando foi necessário.

Tenho álbuns de fotografias que peguei na casa dos meus pais, álbuns inchados com fotos desbotadas de meus dois irmãos e eu quando éramos bem pequenos. Isso foi antes da era digital e, ainda assim, parece que quase todos os momentos da minha vida foram fotografados, e depois cada foto foi revelada e meticulosamente arquivada. Cada álbum tem um número bem grande na capa, com um círculo em volta. Em muitos dos álbuns há breves anotações com nomes, idades, lugares. É como se minha mãe soubesse que essas lembranças precisavam ser preservadas por um motivo. Ela criou meus irmãos e eu com uma determinação de ferro e sua graça própria. O vigor de seu amor e de sua devoção por nós é esmagador, e esse vigor só aumenta conforme ficamos mais velhos. Quando eu era criança, minha mãe mantinha esses álbuns numa fileira caprichada, sequencial, e quando um álbum estava completo, ela comprava um novo e o preenchia também.

Minha mãe tentou preencher algumas lacunas da minha infância, mesmo sem saber que o fazia. Ela se lembra de tudo, ou ao menos é o que parece, e era assim até que fui embora para o colégio interno, aos treze anos, e lá não tinha ninguém para guardar as minhas lembranças para mim.

Minha mãe ainda fotografa tudo e tem mais de 20 mil fotos em seu Flickr, fotos da vida dela e de nossa vida, e de pessoas e lugares em nossa vida. Quando apresentei minha tese de doutorado, lá estava ela, me olhando orgulhosa, sempre erguendo a câmera para tirar uma nova foto, para capturar cada segundo, cada momento possível. Numa leitura do meu romance em Nova York, lá estava ela de novo, com sua câmera, tirando fotos, documentando outro momento memorável.

As pessoas sempre notam que eu tiro fotos de cada coisinha. Eu digo que faço isso para não esquecer, para não poder me esquecer de todas as coisas incríveis que vejo e vivencio. Explico que as lembranças são mais importantes para mim agora que minha vida é diferente. Porém, é mais do que isso. As formas como sou filha de minha mãe são infinitas.

A capa do meu álbum de bebê é branca, salpicada de purpurina. "É uma menina!" está inscrito na capa. Na primeira página desse álbum estão os nomes dos meus pais, minha data de nascimento, minha altura e peso, a cor de meus cabelos e olhos. Há duas marcas das solas dos meus pés de bebê, com as palavras "Menina Gay" escritas acima. Eu nasci às 7h48 e estou certa de que esse é o motivo para que eu não seja uma pessoa matutina. Há linhas para preencher com "lembranças empolgantes da vida do bebê", e todas essas linhas foram ocupadas com meus pequenos feitos. Aparentemente, eu lia o alfabeto aos dois anos e meio e, aos três, sabia ver as horas. Minha mãe escreveu orgulhosa: "Lê quase tudo aos cinco anos de idade". Essas são suas exatas palavras, escritas em sua bela caligrafia, embora a tradição da família diga que eu já lia o jornal com meu pai, cerca de um ano e meio antes disso.

Durante os primeiros cinco anos da minha vida, minha mãe registrou minha altura e peso. Eu tinha uma cabeça grande e triangular, algo que pode acontecer com o primeiro filho. Minha mãe diz que passou horas alisando a minha cabeça de recém-nascida para deixá-la num formato mais arredondado. Houve um registro do meu nascimento no *Omaha World-Herald*, impresso em 28 de outubro de 1974, treze dias após meu nascimento, e o recorte da seção do jornal está guardado nesse álbum, ao lado da minha certidão de nascimento original e do cartãozinho que colocaram no meu berço no hospital. Minha mãe tinha 25 anos, e meu pai, 27, bem jovens, mas para a época, não tão jovens quanto tanta gente que estava começando suas famílias. Meu nome está escrito corretamente em minha certidão, com um *n*, e a certidão é rosa. Naquele tempo não havia um entendimento cultural nuançado de gênero — meninas eram cor-de-rosa e o azul era para os meninos, e ponto final.

Na primeira foto de minha mãe comigo, ela está me segurando, com seus cabelos negros descendo pelas costas, presos num rabo de cavalo bem cheio. Ela parece incrivelmente jovem e linda. Estou com três dias de vida. Na verdade, essa não é a primeira foto de nós duas juntas. Há uma foto da minha mãe grávida de mim, com a barriga bem grande, um vestido curto azul-claro e um par de saltos grossos. Seus cabelos estão soltos, descendo pelas costas. Ela está recostada num carro, olhando para o fotógrafo, meu pai, com o tipo de expressão íntima que me faz querer desviar para lhes dar alguma privacidade. Ela pôs essa foto no álbum, embora seja uma das pessoas mais reservadas que conheço. Ela queria que eu visse essa imagem deslumbrante, para saber que ela e meu pai sempre se amaram.

Essas fotos mais velhas estão há tanto tempo no álbum que grudaram nas páginas. Tentar tirá-las iria danificá-las.

Todas as minhas fotos de criança junto com meus pais mostram os dois sorrindo para mim como se eu fosse o centro de seu mundo. Eu fui. Eu sou. Essa é parte da minha verdade que sei com total clareza — tudo de bom e forte a meu respeito começa com meus pais, absolutamente tudo. Quase todas as minhas fotos de criança me mostram com um sorriso tão contagiante que, quando as vejo, não posso deixar de sorrir também. Há vários tipos de bebês felizes. Eu fui um bebê muito feliz. Isto é incontestável.

Bebês são bonitinhos, mas são bem inúteis, como diz minha melhor amiga. Eles não podem fazer muito por si mesmos. É preciso amá-los ao longo dessa inutilidade. Nas fotos em que estou sozinha, estou sendo sustentada junto ao braço de uma poltrona, ou algumas almofadas. Numa das fotos, num sofá horrendo de brocado vermelho, estou sozinha e berrando visivelmente a plenos pulmões. Há mais de uma foto em que eu estou berrando a plenos pulmões. Fotos de bebês berrando são hilárias quando você sabe que são fotos de bebês felizes que simplesmente estão no meio de uma crise de fúria. Olho essas fotos de bebê e penso: *Eu me pareço com a minha sobrinha*, mas, na verdade, é minha sobrinha quem se parece comigo. Família é algo poderoso, independente de qualquer coisa. Estamos sempre unidos por nossos olhos e lábios, nosso sangue e nossos malditos corações. Quando eu tinha três anos, meu irmão Joel nasceu. Há fotos dele, marrom e redondo, com uma cabeleira, sentado ou em pé ao meu lado.

Já adulta, inspecionei esses álbuns muitas vezes. Tenho tentado me lembrar. A princípio, procurei por fotos que eu possa mostrar a uma filha minha, "Foi daqui que você veio", para que, quando eu tiver essa filha, ela possa saber que sua família sabe amar, por mais que seja imperfeita, para que ela saiba que sua mãe sempre foi amada e, assim, saber que também será sempre amada. É importante mostrar o amor a uma criança de muitas maneiras, e essa é a coisa boa que tenho a oferecer, não importa como essa criança entre em minha vida. Eu também analiso as fotos, as pessoas que estão nelas; lembro-me dos nomes e lugares, dos momentos importantes, muitos dos quais me escapam. Tento montar o quebra-cabeça das lembranças que cuidadosamente apaguei. Tento entender como passei da criança daqueles momentos perfeitos fotografados para quem sou hoje.

Eu sei, precisamente; no entanto, não sei. Eu sei, mas acho que aquilo que realmente quero é entender o motivo da distância entre aquela época e agora. O porquê é complicado e fugidio. Quero ser capaz de segurá-lo em minhas mãos, de dissecá-lo ou rasgá-lo ou queimá-lo e identificar as cinzas, embora eu tenha medo do que farei com o que vir ali. Não sei se tal compreensão é possível, mas quando estou sozinha, sento e folheio esses álbuns devagar, obsessivamente. Quero ver o que está ali o que está faltando e o que aconteceu, mesmo que o porquê ainda me escape.

Há uma foto minha. Tenho cinco anos. Tenho olhos grandes e um pescoço magro. Olho para uma máquina de escrever de plástico, deitada de bruços no sofá, com os tornozelos cruzados, provavelmente sonhando acordada. Eu sempre sonhava acordada. Já naquela época eu era uma escritora. Desde bem cedo eu desenhava pequenos vilarejos em guardanapos e escrevia histórias sobre as pessoas que moravam naqueles vilarejos. Eu adorava a sensação de fuga ao escrever essas histórias, ao imaginar vidas que eram diferentes da minha. Eu tinha uma imaginação feroz. Vivia sonhando acordada e detestava ser tirada dos meus sonhos para lidar com coisas como viver. Em minhas histórias, eu podia escrever os amigos que eu não tinha. Podia fazer coisas que não me atrevia a imaginar. Eu podia ser corajosa. Podia ser inteligente. Podia ser engraçada. Podia ser tudo que eu sempre quis. Quando eu escrevia, era fácil ser feliz.

Há uma foto minha. Tenho sete anos; estou feliz, vestindo um macacão. Eu usava muitos macacões quando era criança. Eu gostava deles por vários motivos, mas principalmente porque tinham muitos bolsos em que eu podia esconder coisas, e porque eram complicados e tinham muitos botões e coisas que eu devia prender. Eles faziam com que eu me sentisse segura, aconchegada. É provável que em uma de cada quatro fotos daquela época eu esteja usando um macacão. Isso é estranho, mas eu era estranha. Nessa foto, em particular, estou com meu irmão Joel e ele está me dando um golpe de caratê enquanto tento me esquivar de seu pequeno pé. Ele era e é muito vigoroso. Temos uma diferença de idade de três anos. Estamos nos divertindo. Ainda somos muito próximos. Éramos crianças bonitinhas. Ver esse tipo de alegria genuína em mim mesma me mata. Eu daria qualquer coisa para ser tão livre novamente.

Quando eu tinha oito anos, meu irmão Michael Jr. nasceu e, então, passamos a ser três em todas as fotos, sempre agrupados, ou de mãos dadas, olhando para a câmera.

Por mais que escrevesse, eu me perdia nos livros ainda mais. Eu lia tudo que chegasse às minhas mãos. Meus livros prediletos eram da série *Uma casa na floresta*. Eu adorava a ideia de que Laura Ingalls, uma garota comum do campo, podia viver uma vida comum e extraordinária numa época tão diferente da minha. Eu adorava todos os detalhes nos livros — o pai trazendo laranjas deliciosas para casa, fazendo doce com xarope de bordo na neve, o laço entre as irmãs Ingalls, Laura sendo chamada de nanica. Conforme as Ingalls cresciam, eu adorava a rivalidade entre Laura e Nellie Oleson e seu namoro com Almanzo Wilder, que acabaria se tornando seu marido. Eu perdia o fôlego quando lia sobre os primeiros anos do casamento deles, lavradores resistindo às provações da lavoura e criando Rose, a filha deles. Eu queria aquele tipo de amor estável e verdadeiro para mim, e queria um relacionamento em que pudesse ser independente e, ao mesmo tempo, amada e cuidada.

Depois que superei *Uma casa na floresta*, eu li tudo de Judy Blume. Aprendi quase tudo sobre sexo em seu romance *Forever*... e, por muito anos, presumi que todos os homens chamassem seus pênis de "Ralph". Li livros sobre garotas aventureiras procurando por ouro em minas na Califórnia e sobrevivendo às aflições e tribulações das viagens em caravanas. Fiquei intensamente obcecada pela rivalidade entre Jessica e Elizabeth Wakefield, na idílica cidade californiana de Sweet Valley. Eu li *Ayla, a filha das cavernas* e descobri que o sexo podia ser muito mais interessante que as trapalhadas de Katherine e Michael em *Forever*... haviam sinalizado. Eu lia e lia e lia. Minha imaginação se expandiu infinitamente.

Há incontáveis fotos em que visto saias e vestidos, fotos em que sou uma menina feminina, com os cabelos longos arrumados, com joias, fazendo todo aquele negócio da princesa bonita. Durante muito tempo me achei uma moleca por ser a única garota da minha família. Às vezes, tentamos nos convencer de coisas que não são verdade, reformulando o passado para melhor entender o presente. Quando vejo essas fotos, fica bem claro que, embora eu gostasse de fazer algazarra e de brincar na terra com meus irmãos, na verdade, eu não era bem uma moleca.

Eu brincava com os bonecos do Comandos em Ação e montava fortes no terreno baldio ao lado da nossa casa, brincava na mata, nos limites do nosso bairro, porque meus irmãos eram meus amigos de brincadeira. Na maior parte do tempo, meus irmãos eram meus melhores amigos, junto com os que eu encontrava nos livros. Nós três nos dávamos bem, exceto quando brigávamos e ah, sim, nós brigávamos, particularmente meu irmão Joel e eu. Brigávamos por tudo e por nada, depois fazíamos as pazes e arranjávamos confusão. O bebê, Michael Jr., era tão mais novo que geralmente se tornava um cúmplice espontâneo de nossas travessuras. Quando não era nosso cúmplice, ele era alvo de pequenas crueldades, como no dia em que o lançamos escada abaixo até o porão dentro de um cesto de roupa suja e o assustamos com uma aranha de plástico, ou, pior de tudo, quando ignorávamos seu desejo queixoso de brincar conosco. De alguma forma, mesmo passando por tudo isso, ele nos adorava, e Joel e eu nos deleitávamos com sua adoração.

Essas fotos dos álbuns da minha infância são artefatos de uma época em que eu era feliz e completa. São provas de que, um dia, eu fui bonita e, às vezes, meiga. Por baixo do que você vê hoje, ainda existe uma garota bonita que adora coisas de garotas bonitas.

Nessas fotos, eu vou ficando mais velha. Vou sorrindo menos. Ainda sou bonita. Quando faço doze anos, paro de usar saias e bijuterias, ou de fazer qualquer coisa com meus cabelos. Em vez disso, passo a usá-los presos num rabo de cavalo. Ainda sou bonita. Alguns anos depois, eu corto praticamente todo o cabelo e começo a usar roupas masculinas excessivamente grandes. Sou menos bonita. Nessas fotos, eu encaro a câmera. Pareço vazia. Estou vazia.

Capítulo 11

Não sei como falar de estupro e violência sexual quando se trata da minha própria história. É mais fácil dizer que "aconteceu algo terrível".

Aconteceu algo terrível. Esse algo terrível me quebrou. Eu gostaria de parar por aí, mas essa é uma autobiografia do meu corpo, então, preciso contar o que aconteceu ao meu corpo. Eu era jovem e subestimava meu corpo, e então descobri sobre as coisas terríveis que podem acontecer ao corpo de uma menina e tudo mudou.

Aconteceu algo terrível e eu gostaria de parar por aí, pois, como escritora e também mulher, não quero ser definida pela pior coisa que me aconteceu. Não quero que minha personalidade seja consumida dessa forma. Não quero que meu trabalho seja consumido ou definido por essa coisa terrível.

Ao mesmo tempo, não quero ficar em silêncio. Não posso ficar em silêncio. Não quero fingir que nada de terrível me aconteceu. Não quero guardar todos esses segredos que guardei sozinha, por tantos anos. Não posso mais fazer essas coisas.

Se tenho que compartilhar minha história, quero fazê-lo nas minhas condições, sem a atenção que inevitavelmente vem a seguir. Não quero piedade, nem gratidão, nem conselhos. Não sou corajosa ou heroica. Não sou forte. Não sou especial. Sou uma mulher que vivenciou algo que incontáveis mulheres já vivenciaram. Sou uma vítima que sobreviveu. Poderia ter sido pior, muito pior. Isso é o que importa e é ainda mais caricato neste caso, por essa história ser tão profundamente comum. Eu espero que, ao compartilhar a minha história, ao me juntar ao coro de mulheres e homens que também compartilham suas histórias, mais pessoas possam se horrorizar com o sofrimento originado pela violência sexual e quão extensas podem ser as suas repercussões.

Geralmente escrevo em torno do que me aconteceu, pois é mais fácil do que voltar àquele dia, a tudo que levou àquele dia, ao que aconteceu depois. É mais fácil do que enfrentar a mim mesma e lidar com as coisas que me fazem sentir culpada pelo que houve, apesar de tudo que eu sei. Mesmo agora, eu sinto culpa, não somente pelo que aconteceu, mas pela maneira como lidei com o depois, pelo meu silêncio, pela minha forma de comer e pelo que meu corpo se tornou. Escrevo em torno do que aconteceu porque não quero ter que me defender. Não quero ter que lidar com o pavor de tal exposição. Acho que isso me torna covarde, amedrontada, fraca, humana.

Escrevo em torno do que aconteceu porque não quero que a minha família tenha essas imagens terríveis na cabeça. Não quero que eles saibam o que suportei e depois mantive em segredo por mais de 25 anos. Não quero que a pessoa que amo veja somente o momento do meu ataque quando olhar para mim. Não quero que pensem que sou mais frágil do que sou. Sou mais forte do que a minha parte quebrada. Não quero que eles, ou qualquer outra pessoa, achem que não sou nada além da pior coisa que me aconteceu. Quero proteger as pessoas que amo. Quero me proteger. Minha história é minha e, na maioria dos dias, gostaria de poder sepultá-la em algum lugar bem fundo, onde eu talvez pudesse me livrar dela. Porém. Trinta anos se passaram, e, inexplicavelmente, eu ainda não me livrei dela.

Sempre escrevo em torno de minha história, mas ainda assim, eu escrevo. Compartilho trechos da minha história, e esse compartilhamento se torna parte de algo maior, um testemunho coletivo de pessoas que também possuem histórias dolorosas. Eu faço essa escolha.

Nós não sabemos, necessariamente, como ouvir histórias sobre qualquer tipo de violência, porque é difícil aceitar que essa violência é tão simples quanto complicada, que você pode amar alguém que o machuque, que você pode ficar com alguém que o machuque, que você pode ser machucado por alguém que lhe ama, que você pode ser machucado por um absoluto estranho, que você pode ser ferido de muitas formas terríveis e íntimas.

Também compartilho o que faço da minha história porque acredito na importância de compartilhar histórias de violência. Sou reticente em compartilhar minha própria história de violência, mas essa história informa muito de quem eu sou, do que eu escrevo, de como escrevo. Ela informa como eu me desloco pelo mundo. Informa como eu amo e me permito ser amada. Ela informa tudo.

É mais fácil usar uma linguagem neutra do tipo "ataque" ou "violação", ou "incidente", do que dizer francamente que, quando eu tinha doze anos, fui estuprada coletivamente por um garoto que achei que amava e um grupo de amigos dele.

Quando tinha doze anos, eu fui estuprada.

Tantos anos depois de ter sido estuprada, digo a mim mesma que o que aconteceu está "no passado". Isso é uma verdade apenas parcial. De muitos modos, o passado ainda está comigo. O passado está escrito no meu corpo. Eu o carrego a cada dia. O passado às vezes parece poder me matar. É um fardo muito pesado.

Em minha história de violência, havia um garoto. Eu o amava. O nome dele era Christopher. Esse não é realmente o nome dele. Você sabe disso. Eu fui estuprada por Christopher e vários de seus amigos numa cabana de caça abandonada, na floresta, onde ninguém, exceto aqueles garotos, podia ouvir os meus gritos.

Antes disso, porém, Christopher e eu éramos amigos, ou, pelo menos, tínhamos algo que se assemelhava a uma amizade. Durante o horário escolar, ele me ignorava, mas depois da escola, nós andávamos juntos. Fazíamos qualquer coisa que ele quisesse. Ele estava sempre no controle desse tempo que passávamos juntos. Na verdade, ele me tratava terrivelmente mal e eu achava que tinha de ser grata por ele me tratar assim, por ele sequer ligar para uma garota como eu. Com doze anos, eu não tinha nenhum motivo específico para ter uma autoestima tão baixa. Não tinha nenhuma razão para permitir ser tratada de maneira tão horrível. De qualquer forma, aconteceu. Essa verdade corrosiva é algo do qual eu luto para me livrar.

Esse menino e eu estávamos andando de bicicleta na floresta quando paramos na cabana, um lugar nojento e esquecido, aonde os adolescentes iam para fazer o que não deviam. Os amigos dele estavam esperando e de repente nós estávamos parados dentro da cabana, e Christopher estava se gabando para eles, falando de coisas que eu e ele havíamos feito, coisas particulares, e fiquei muito constrangida porque era uma boa garota católica e já me sentia muito culpada por eu e Christopher termos feito o que não devíamos.

Eu estava confusa porque não fazia ideia do motivo para ele contar aos amigos algo que eu nunca tinha contado a ninguém, o que achei ser segredo nosso, algo que o fazia me amar, ou, pelo menos, me manter por perto. Os amigos dele ficaram empolgados com as coisas que Christopher dizia. Eles ficaram tão empolgados que seus rostos estavam vermelhos e eles davam gargalhadas ruidosas. Enquanto eles falavam ao meu redor, eu ia me sentindo cada vez menor. Eu estava com medo, mesmo não reconhecendo aquela estranha energia que me percorria.

Cheguei a tentar fugir de lá, quando percebi que não era seguro, mas não adiantou. Eu não consegui me salvar.

Christopher me empurrou para o chão, na frente de seus amigos que riam, tantos corpos maiores que o meu. Eu estava muito assustada, envergonhada e confusa. Sentia-me magoada, porque eu o amava e achei que ele me amasse e, em questão de instantes, lá estava eu, esparramada diante de seus amigos. Para eles, eu não era uma menina. Eu era uma coisa, carne e ossos de menina com os quais eles podiam se divertir. Quando Christopher deitou em cima de mim, ele não tirou a roupa. Esse detalhe me marcou; que ele fizesse tão pouco-caso do que estava prestes a fazer comigo. Ele apenas abriu o zíper de sua calça jeans e se ajoelhou no meio das minhas pernas e se enfiou dentro de mim. Os outros garotos me olhavam de cima, com malícia, e incentivavam Christopher a prosseguir. Eu fechei os olhos porque não queria vê-los. Não queria aceitar o que estava acontecendo. Como uma *boa* garota carólica protegida, mal entendia o que estava acontecendo. Mas eu entendia a dor, tão aguda e imediata. Aquela dor era inescapável e me mantinha em meu corpo enquanto eu queria abandoná-lo, largá-lo para aqueles garotos e me esconder em algum lugar seguro.

Eu implorava a Christopher que parasse. Disse a ele que faria qualquer coisa que ele quisesse, se ele fizesse parar tudo aquilo, mas ele não parou. Ele não olhava para mim. Christopher demorou muito tempo, ou pelo menos pareceu muito tempo porque eu não o queria dentro de mim. Não importava o que eu queria.

Depois que Christopher gozou, ele trocou de lugar com o garoto que estava segurando os meus braços. Eu lutei, mas minha luta só fez os garotos rirem. O amigo me segurou, os lábios brilhosos, o hálito de cerveja em meu rosto. Até hoje não suporto hálito de cerveja. Achei que eu fosse quebrar sob o peso daqueles garotos.

Eu já estava muito dolorida. Christopher se recusava a olhar para mim. Ele só segurou os meus punhos, cuspiu no meu rosto. Eu dizia a mim mesma, ainda digo a mim mesma, que ele só estava querendo se exibir para os amigos. Digo a mim mesma que ele não teve a intenção. Ele ria. Todos aqueles garotos me estupraram. Eles tentavam ver até onde podiam ir. Eu era um brinquedo usado despreocupadamente. Eu acabei parando de gritar. Parei de me mexer, parei de lutar. Parei de rezar e de acreditar que Deus me salvaria. Mas não parei de sentir dor. A dor era ininterrupta. Eles fizeram uma pausa. Eu me encolhi e tremi. Não conseguia me mexer. Não podia acreditar no que estava acontecendo. Literalmente não tinha capacidade de compreender minha história conforme ela estava sendo escrita.

Não me lembro de seus nomes. Exceto Christopher, não me lembro de detalhes sobre eles. Eram garotos que ainda não eram homens, mas já sabiam como fazer os estragos de um homem. Lembro dos cheiros, dos rostos quadrados, do peso do corpo deles, do odor pungente de suor, da força surpreendente de seus membros. Eu me lembro que eles desfrutaram, gostaram e riram muito. Lembro que eles não tinham nada além de desprezo por mim.

Eles fizeram coisas que eu nunca fui capaz de contar e jamais serei. Não sei como. Não quero encontrar essas palavras. Tenho uma história de violência, mas o registro público dela sempre será incompleto.

Quando tudo terminou, empurrei a bicicleta até minha casa e fingi ser a filha que meus pais conheciam, a boa garota, a aluna que só tirava dez. Não sei como escondi o que aconteceu, mas eu sabia como ser uma boa menina, e acho que interpretei esse papel excepcionalmente bem naquela noite.

Mais tarde, aqueles garotos contaram para todo mundo na escola o que tinha acontecido, ou melhor, a versão da história que transformou meu nome em "Piranha" pelo resto do ano letivo. Logo entendi que a minha versão da história jamais importaria, então mantive a verdade do que acontecera em segredo e tentei viver com esse novo nome.

A palavra de um homem contra a de uma mulher é o motivo pelo qual tantas vítimas (ou sobreviventes, se prefere essa terminologia) não fazem uma denúncia. É muito frequente que a palavra dele tenha mais importância, então nós apenas engolimos a verdade. Nós engolimos e, muito frequentemente, essa verdade fica rançosa. Ela se espalha pelo corpo, como uma infecção. Transforma-se em depressão ou vício ou obsessão ou alguma manifestação física do silêncio daquilo que ela teria dito, precisava dizer, não conseguiu dizer.

A cada dia que passava, eu me odiava mais. Eu tinha mais nojo de mim. Eu não conseguia me distanciar dele. Não conseguia me distanciar do que aqueles garotos tinham feito. Eu sentia o cheiro deles, sentia suas bocas, suas línguas, suas mãos, seus corpos rudes e suas peles cruéis. Eu não conseguia parar de ouvir as coisas terríveis que eles tinham me dito. Suas vozes estavam comigo, constantemente. Odiar a mim mesma passou a ser tão natural quanto respirar.

Aqueles garotos me trataram como se eu fosse nada, então, em nada eu me transformei.

Capítulo 12

Há o antes e o depois. No depois, eu fiquei partida, estilhaçada e calada. Fiquei anestesiada. Aterrorizada. Eu guardava esse segredo e sabia, em minha alma, que o que aqueles meninos fizeram comigo tinha de permanecer em segredo. Eu não podia compartilhar a vergonha e a humilhação daquilo. Eu era repulsiva, pois havia permitido que coisas repulsivas fossem feitas comigo. Eu não era uma menina. Eu era menos que humana. Eu não era mais uma boa menina e iria para o inferno.

Eu tinha doze anos e, de repente, não era mais uma criança. Não me sentia mais livre, feliz ou segura. Tornei-me mais e mais retraída. Se eu tinha uma graça redentora era o fato de nos mudarmos sempre por conta do emprego do meu pai e, no verão após ser estuprada, nos mudamos para um novo estado e pude ter meu nome de novo, e ninguém sabia que eu era a menina da floresta. Eu ainda não tinha amigos e não tentei fazer amigos, pois, como poderíamos ter algo em comum? Eu não me atrevia a submeter o que eu me tornara às crianças ao meu redor. Eu lia obsessivamente. Quando lia no ônibus da escola, meus colegas de turma me provocavam. Às vezes, eles tiravam o livro de mim e ficavam jogando de um lado para o outro, enquanto eu esticava os braços, impotente, apenas tentando pegá-lo de volta. Eu podia estar em qualquer lugar do mundo além da oitava série, solitária, guardando meu segredo bem guardado. Sempre digo que ler e escrever foi o que salvou a minha vida. E isso é uma verdade literal.

Em casa, eu tentava ser a boa garota que meus pais achavam que eu era, mas ficou exaustivo. Em muitas ocasiões, queria lhes dizer que havia algo errado, que eu estava morrendo por dentro, mas não conseguia encontrar as palavras. Não conseguia achar um meio de superar meu medo do que eles talvez dissessem, fizessem ou pensassem de mim. Quanto mais tempo eu passava em silêncio, mais esse medo crescia e apequenava todo o restante.

Eu não podia deixar que meus pais vissem quem ou o que eu havia me tornado, porque ficariam enojados e me descartariam feito o lixo que eu sabia ser; então, eu não apenas seria nada, eu não teria nada. Em minha vida, não havia espaço para a verdade.

Hoje sei que estava errada na época, que meus pais teriam me apoiado, ajudado e buscado a justiça por mim. Eles teriam me mostrado que não era eu que tinha de sentir vergonha. Infelizmente, meu silêncio amedrontado não pode ser desfeito. Não posso dizer àquela menina de doze anos, tão assustada e sozinha, o quanto ela era amada, incondicionalmente, mas, ah, como eu quero. Como quero confortá-la. Como eu gostaria de salvá-la do que aconteceria em seguida.

Interpretei o papel de boa menina, boa filha, boa aluna. Eu ia à igreja, embora não tivesse fé. A culpa me consumia. Eu não acreditava mais em Deus, pois se houvesse um Deus, ele certamente teria me salvado de Christopher e daqueles meninos na floresta. Eu não acreditava mais em Deus porque eu tinha pecado. Eu havia pecado de uma maneira que nem sabia ser possível. Era solitário e aterrorizante ser desprendida de tudo que havia sido tão importante em minha vida — minha família, minha fé, eu mesma.

Eu estava sozinha com meu segredo, fingindo ser uma menina diferente. Para sobreviver, tentei me esquecer do que havia acontecido, daqueles meninos, do fedor de seus hálitos, de suas mãos tirando meu corpo de mim, me matando, de dentro para fora.

Capítulo 13

Antes que esse fato terrível acontecesse, eu já tinha começado a perder meu corpo. Eu era jovem demais, num triste semblante de relacionamento com um menino que sabia demais, queria demais. Eu também queria demais, porém, ele e eu queríamos coisas muito diferentes. Christopher queria me usar. Eu queria que ele me amasse. Eu queria que ele preenchesse a solidão, que abrandasse a dor de ser esquisita, de sempre ser a garota do lado de fora, olhando para dentro. Quando o conheci, nós tínhamos acabado de nos mudar para a região.

Eu tinha (e tenho?) um vácuo, uma caverna de solidão dentro de mim, que passei a vida inteira tentando preencher. Eu estava disposta a fazer praticamente qualquer coisa se aquele menino abrandasse a minha solidão. Eu queria sentir que eu e ele pertencíamos um ao outro, porém, cada vez que estávamos juntos, e mesmo depois, eu sentia o oposto disso. Ainda assim, eu era atraída por ele.

Nessa época eu era, e ainda seria por muitos anos, obcecada pelos livros da série *Sweet Valley High*. Eu os lia vorazmente porque não tinha nada de parecido com Elizabeth e Jessica Wakefield, ou mesmo Enid Rollins. Eu jamais namoraria um garoto como Todd Wilkins, o belo capitão do time de basquete, ou Bruce Patman, o belo e abastado *bad boy* de Sweet Valley. Porém, quando eu lia os livros, conseguia fingir que uma vida melhor era possível para mim, uma vida na qual eu me encaixaria em algum lugar, qualquer lugar, e eu teria amigos, um belo namorado e uma família amorosa que saberia tudo sobre mim. Numa vida melhor, eu podia fingir que era uma boa garota.

Esse menino, Christopher, tão lindo e popular, era meu pedaço da Sweet Valley High em meu bairro residencial e preservado. Certamente, ninguém devia saber disso, porque ele nunca demonstrava me conhecer na escola, mas eu sabia e dizia a mim mesma que isso era o bastante. Por muitos anos, eu continuaria a dizer a mim mesma que o menor reconhecimento de amantes já era o suficiente.

Nós ficávamos no quarto dele, folheando edições surradas das revistas *Playboy* e *Hustler*, de seu irmão mais velho. Eu observava aquelas mulheres nuas, a maioria jovem, loura e magra. O corpo dela parecia estranho, irreal. Eu sabia que era errado ficar olhando aquelas mulheres mostrando uma nudez tão libertina, mas não conseguia desviar os olhos.

Ele, óbvio, achava aquelas mulheres excitantes, sexualmente atraentes, e eu sabia, mesmo então, que eu não tinha nada de parecido com elas. Na verdade, eu não queria ser como aquelas mulheres, mas queria que ele me quisesse e que ele me olhasse do jeito que ele olhava as revistas. Ele nunca o fez e, a seu modo, me puniu pelo que eu não era e não poderia ser. Ele me puniu por ser jovem demais, ingênua demais, adoradora demais, complacente demais.

Para ele, eu era uma coisa, mesmo antes que ele e seus amigos me estuprassem. Ele queria experimentar coisas e eu era extraordinariamente influenciável. Eu não sabia dizer não. Dizer não jamais me passou pela cabeça. Eu dizia a mim mesma que esse era o preço que eu tinha de pagar para ser amada por ele, ou, se fosse honesta, para ser tolerada por ele. Uma garota como eu, influenciável, protegida, indigna e ansiando desesperadamente pela atenção dele, não se atreveria a esperar nada mais. Eu sabia disso.

Não consigo me forçar a detalhar as coisas que ele fez comigo antes que eu fosse quebrada. É demais, humilhante demais. Mas a cada nova transgressão que cometíamos, eu perdia um pouco mais do meu corpo. Eu me sentia mais distante da possibilidade da palavra "não". Eu me tornava cada vez menos a boa menina que havia sido. Parei de olhar meu reflexo no espelho porque não sentia nada além de culpa e vergonha quando me via.

Então, veio aquele dia terrível na floresta. E eu finalmente disse "não". E não importou. Isso foi o que mais me marcou. Meu "não" não importava. Eu gostaria de poder dizer que nunca mais falei com Christopher, mas eu falei. Isso talvez seja o que mais me envergonha, que depois de tudo que ele me fez, eu voltei, e permiti que ele continuasse a me usar até que minha família se mudasse, meses depois. Permiti que ele continuasse a me usar por não saber o que mais fazer. Ou o deixei me usar porque depois do que acontecera na floresta, eu me sentia indigna. Eu acreditava que não merecia nada melhor.

Depois daquilo, eu fiquei marcada. Os homens podiam farejar aquilo em mim, que eu havia perdido meu corpo, que eles podiam se aproveitar do meu corpo, que eu não diria "não" porque eu sabia que meu "não" não importava. Eles farejavam isso e tiravam proveito, em cada chance que tinham.

Capítulo 14

Não sei por que me voltei para a comida. Ou sei. Eu estava solitária e amedrontada, e a comida me oferecia uma satisfação imediata. A comida oferecia consolo, quando eu precisava ser consolada e não sabia como pedir o que precisava aos que me amavam. A comida tinha um gosto bom e fazia com que eu me sentisse melhor. A comida era a única coisa ao meu alcance.

Até que eu começasse a ganhar peso, eu tinha uma postura saudável em relação à comida. Minha mãe não é uma mulher apaixonada por cozinhar, mas ela tem uma paixão imensa por sua família. Ao longo da minha infância, ela preparava refeições saudáveis e bem-feitas para nós, que comíamos juntos à mesa de jantar. Não havia jantares apressados na frente da televisão, ou em pé apoiados na bancada da cozinha. Nós, crianças, falávamos avidamente sobre nossos projetos de escola, como uma ponte suspensa feita de madeira ou um vulcão de bicarbonato de sódio. Compartilhávamos nossas realizações, como um bom boletim — que, claro, era o esperado — ou um gol feito numa partida de futebol. Meus irmãos e eu brigávamos quando ia chegando o fim do jantar, geralmente sobre quem ia lavar a louça. Meus pais, imigrantes do Haiti, falavam sobre coisas que só entendíamos pela metade, como os vizinhos *americanos* ou o mais recente projeto de construção do meu pai. Conversávamos sobre coisas que se passavam no mundo. Falávamos sobre o que queríamos para nós. Eu subestimei o fato de que isso era o que todas as famílias faziam — se juntavam e se tornavam uma ilha dentro de si mesmos, a mesa da cozinha sendo o sol ao redor do qual nos revolvíamos.

A comida que minha mãe fazia era boa, mas secundária em relação ao modo como nos dedicávamos às nossas ligações familiares. Meus pais sempre demonstraram que eu e meus irmãos éramos incrivelmente interessantes, nos fazendo perguntas atentas sobre nossas reflexões infantis, nos incentivando a ser o melhor que pudéssemos. Se fôssemos menosprezados, eles se ofendiam por nós. Quando tínhamos algum pequeno momento de glória, eles se deleitavam com aquilo. Na maioria das noites, eu adormecia animada pela alegria de saber que eu pertencia a essas pessoas e elas me pertenciam também.

Mesmo enquanto eu me tornava cada vez mais introvertida, minha família continuava forte, conectada dessas formas íntimas, indeléveis. Não tenho dúvidas de que meus pais notaram a minha mudança. Eles continuariam a perceber, a se preocupar comigo, pelos vinte anos seguintes, até mais. Mas não sabiam como falar comigo e eu não os deixava entrar. Quando eles tentavam, eu me esquivava, recusando-me a pegar a corda salva-vidas que me ofereciam. Quanto mais tempo eu guardava o meu segredo, mais eu me atinha a guardar a verdade, mais eu alimentava o meu silêncio.

Capítulo 15

A única maneira que conheço de me movimentar pelo mundo é como uma haitiana-americana, filha de haitianos. Uma filha de haitianos é uma boa garota. Ela é respeitosa, estudiosa, trabalhadora. Ela nunca se esquece da importância de sua hereditariedade. Nós fazemos parte da primeira nação negra livre do hemisfério ocidental, sempre diziam aos meus irmãos e a mim. Por maior que tenha sido o tombo, quando mais importa, nós nos levantamos.

Haitianos amam a comida de nossa ilha, mas eles julgam a glutonaria. Desconfio que isso se deva à pobreza pela qual o Haiti é tão frequente e tão vagamente conhecido. Quando você tem excesso de peso numa família haitiana, seu corpo é uma preocupação familiar. Todos — irmãos, pais, tios, avós e primos — têm uma opinião, um julgamento, ou algum conselho. Eles têm boa intenção. Nós amamos muito e esse amor é inescapável. Minha família tem se preocupado excessivamente com meu corpo desde os meus treze anos.

Minha mãe, que ficava em casa para criar meus irmãos e eu, não me ensinou a cozinhar, e eu tinha pouco interesse em aprender com ela. Eu só gostava de ficar perto da cozinha olhando enquanto ela preparava nossas refeições — a eficiência com que executava a tarefa sempre me impressionou. Suas sobrancelhas franzidas de concentração. Ela podia manter uma conversa, mas quando algo exigia sua atenção, ela se calava e era como se o mundo inteiro se distanciasse dela. Ela não gostava de compartilhar o espaço da cozinha e não queria ajuda. Sempre usava luvas de borracha, como um médico

— para evitar contaminação, dizia. Era conhecida por adicionar uma gota de cloro à água quando lavava carne, frutas ou legumes. Lavava uma travessa ou a tábua de corte imediatamente após o uso. Fora os aromas que vinham do fogão a gás, você jamais saberia que a minha mãe estava cozinhando.

Ao longo da minha infância, minha mãe preparou uma combinação desconcertante de pratos — receitas americanas do *Betty Crocker Cookbook* ou *The Joy of Cooking* numa noite e uma refeição haitiana na outra. Os pratos de que me lembro e que mais adoro são os haitianos — legumes e bananas fritas, arroz vermelho, arroz negro; *griyo*, ou porco marinado em laranja e assado com cebolas; macarrão haitiano com queijo —, tudo servido com molho (feito de tomate com tomilho, pimentão e cebola) e legumes picantes, tudo feito do zero. Era assim que minha mãe demonstrava sua afeição.

Ela não acreditava em alimentos processados ou em *fast-food*, então, nunca comi muitos alimentos que as pessoas comiam com frequência: pratos prontos congelados, Chef Boyardee, Kraft Mac & Cheese. Ela estava à frente de seu tempo. Sua postura enfurecia meus irmãos e eu, porque nossos amigos americanos podiam comer todas aquelas coisas mágicas, como cereais cheios de açúcar no café da manhã, lanchar Cheetos e Chips Ahoy e Little Debbie Snack Cakes. "Fruta também é lanche", minha mãe nos dizia. Eu jurei que, quando crescesse, iria decorar minha casa com tigelas transparentes cheios de M&M's, e ela riu.

Conforme fomos ficando mais velhos, minha mãe foi ficando mais indulgente. Na época em que meu irmão mais novo chegou, o *fast-food* já penetrara em nossa casa, embora com a moderação que era totalmente característica dos meus pais.

Capítulo 16

Aos treze anos, fui para o colégio interno. Nós tínhamos nos mudado um bocado ao longo da minha infância, seguindo meu pai e sua bem-sucedida carreira de engenheiro civil. Ele construiu túneis como o Eisenhower, no Colorado; linhas de metrô em Nova York e em Washington, D.C.; um projeto de foz em Boston. Quando meus irmãos e eu o visitávamos nos canteiros das obras, meu pai colocava capacetes em nossas cabeças e nos levava ao subsolo, tão profundo e escuro, e nos mostrava como ele, literalmente, estava mudando o mundo.

Sua empresa tinha sede em Omaha, mas sempre que chegava um projeto, ele era enviado e lá íamos nós, por um ou dois anos — Illinois, Colorado, Nova Jersey, Virginia — e, depois, voltávamos a Omaha. Eu comecei a pesquisar colégios internos para que eu pudesse frequentar apenas uma escola durante os quatro anos do ensino médio. Admito que eu também estava encantada pela série de livros *The Girls of Canby Hall*, de Emily Chase. Eu seria como Shelley Hyde, de Iowa, o peixe fora d'água que mesmo assim estabeleceu amizades duradouras com suas novas colegas de quarto enquanto viviam aventuras juvenis tendo o requintado campus de New England como cenário de fundo.

Então, eu fui estuprada e tive que fingir ser alguém que não era, e a única coisa que queria era fugir. Frequentar um colégio interno é a forma como garotas de classe média alta fogem, com certeza. Se eu saísse de casa para o ensino médio, não teria que fingir ser uma boa menina que não sabia nada sobre o mundo. Eu poderia ser o nada que havia me tornado, sem ter que me explicar. Poderia continuar desesperadamente agarrada ao meu segredo, à minha culpa e à minha vergonha.

Por ser tão tímida e retraída, graças às tantas mudanças ao longo da minha infância, as únicas pessoas que eu tinha de deixar para trás eram da minha família. Eu não tinha nenhum amigo de quem sentiria falta. Não tinha uma escola específica que torcera para frequentar durante o ensino médio. Eu nem sabia onde estaríamos vivendo no meu primeiro ano, se meu pai seria novamente transferido. Eu só tinha treze anos, mas foi surpreendentemente fácil decidir que eu queria ir embora de casa.

Não sei o que meus pais perceberam em mim no ano anterior ao ensino médio. Como havíamos nos mudado, eu não precisava mais estudar numa escola onde todos me chamavam de Piranha. Em vez disso, havia novos tormentos, novas pessoas praticando *bullying* contra mim e ainda mais motivação para que eu fugisse, fugisse, fugisse para bem longe, o mais distante possível. Eu me inscrevi em vários colégios internos e fui aprovada em todos. Um deles, Lawrenceville, me aceitou como parte da primeira turma de meninas a frequentá-lo, quando ele se tornou misto. Porém pensar em frequentar uma escola com tantos meninos era demais. Acabei indo para Exeter porque minha prima Claudine tinha acabado de se formar lá e parecia bem, a escola parecia boa, e meus pais gostavam da reputação do colégio. Ainda tão nova, eu absolutamente subestimei o fato de que frequentaria uma das escolas de ensino médio mais caras e elitizadas do país, se não do mundo. Tudo o que importava era que eu poderia fugir.

Deixada por minha própria conta no colégio interno, perdi qualquer resquício de controle em relação ao que eu punha para dentro do meu corpo. Subitamente, havia todo tipo de comida disponível para mim. O refeitório era uma extravagância de comida liberada. As ofertas certamente costumavam ser ruins — úmidas e fétidas, como a natureza da comida industrializada —, mas havia vastas quantidades disponíveis. E havia um bufê de salada. E sanduíches de manteiga de amendoim com geleia. E cereal no café da manhã. E máquinas de refrigerante ilimitado. E opções de sobremesa. E The Grill — uma lanchonete engordurada dentro do campus onde, por alguns dólares, eu podia comprar um hambúrguer, batatas fritas e um frapê. E tinha a loja de conveniência, no centro da cidade, onde eu podia comprar um sanduíche de metro gigantesco. E uma Woolworth, com um balcão de almoço de verdade. Eu podia pedir pizza e em trinta minutos ela seria entregue em meu quarto, no alojamento, e eu podia comê-la sozinha, e não havia ninguém para impedir a minha indulgência clara e desavergonhada. A liberdade de poder comer de maneira tão extravagante e sem limites me provia o único verdadeiro prazer que conheci no ensino médio.

Deparei-me com uma orgia gastronômica e me deliciei com tudo. Eu me deleitava por comer o que quisesse, na hora que quisesse. Eu me deleitava com o prazer de morder uma batata frita soltando fumaça e com o fio de queijo derretido pendendo de uma fatia quente de pizza, do sabor doce e gelado de um milk-shake. Ansiava por esse prazer e me esbaldava sempre que podia.

Eu estava engolindo os meus segredos e fazendo com que meu corpo expandisse e explodisse. Encontrava meios de me esconder estando plenamente à vista, de continuar alimentando a fome que nunca podia ser saciada — a fome de parar de sofrer. Eu me fiz maior. Eu me fiz mais segura. Criei uma nítida barreira entre mim e qualquer um que se atrevesse a me abordar. Criei uma barreira entre mim e minha família. Tornei-me uma parte isolada deles.

Estar no colégio interno foi um choque e tanto para o meu entendimento do mundo. Eu havia sido criada na classe média, depois, na classe média alta; porém, na Exeter, conheci alunos que vinham de famílias com gerações de abastança, fama e/ou infâmia — filhos de descendentes políticos, celebridades de Hollywood e dinastias industriais. Achei que conhecesse a riqueza até ir para o colégio interno, e então descobri qual é a verdadeira face da opulência. Descobri que há pessoas com tanto dinheiro à sua disposição que naturalmente esbanjam e não têm nenhum interesse pelos que não gozam dos mesmos privilégios. Eu não me sentia inadequada. Por mais perdida que estivesse, sabia que era amada e sortuda. Mas ficava exaurida pela maneira arrogante como aqueles colegas circulavam pelo mundo e quanto havia disponível para eles.

Como eu era uma aluna negra vinda de uma família razoavelmente abastada, e era de Nebraska, logo de lá, os alunos brancos não sabiam direito o que fazer comigo. Eu era uma anomalia e não me encaixava na narrativa deles sobre negritude. Eles presumiam que todos os alunos negros tivessem históricos de pobreza e morassem no interior. Achavam que todos os alunos negros que frequentavam a Exeter só o faziam graças a alguma ajuda financeira ou à benevolência dos brancos. A maior parte dos alunos negros só me aceitava a contragosto em seus círculos sociais, porque eu tampouco me encaixava na narrativa deles sobre negritude. Sendo uma haitiana-americana, eu não possuía os mesmos marcos culturais. Havia poucos alunos com quem eu tinha qualquer afinidade. Como uma garota socialmente deslocada e tímida, minha solidão se tornou ainda mais marcante. A comida não era apenas um consolo; ela também se tornou minha amiga, porque era constante e, quando eu comia, não precisava ser nada além de eu mesma.

Quando fui para casa no primeiro feriado de Ação de Graças, meus pais ficaram chocados, como se eu estivesse irreconhecível e, talvez, para eles, eu estivesse. Seus olhares me atravessavam. Eu tinha ganhado pelo menos 13 kg em apenas dois meses e meio. Subitamente, eu estava completamente redonda, minhas bochechas, minha barriga e minhas coxas gordas como nunca haviam sido. Minhas roupas, as que ainda serviam, estavam repuxando nas costuras. Embora eu não quisesse ir, meus pais me levaram a um médico que caridosamente declarou que eu estava me desenvolvendo, quando muito mais coisa estava acontecendo com meu corpo. Ele não pareceu excessivamente preocupado, inclinado a atribuir meu ganho de peso ao fato de estar longe de casa pela primeira vez. Meus pais não tinham ideia do que fazer, mas eles ficaram incrivelmente alarmados e logo começaram a tratar meu corpo como uma crise. Tentavam me ajudar, sem perceber que aquele ganho de peso precoce era apenas o começo do problema que meu corpo viria a ser. Eles não tinham a mais vaga ideia do que havia criado o problema. Não sabiam nada da minha determinação em transformar meu corpo naquilo que eu precisava que fosse — um porto seguro, em vez do receptáculo pequeno e fraco que havia me traído.

Capítulo 17

Durante aqueles dois primeiros anos do ensino médio, eu comi e comi e comi, e me tornei cada vez mais perdida. Comecei o ensino médio como nada e depois me tornei menos que nada. Eu só precisava fingir ser a garota que havia sido quando falava com meus pais ao telefone, ou quando ia para casa, nas férias. O restante do tempo, eu não sabia quem era. Em geral, ficava anestesiada. Eu era estranha. Estava tentando ser uma escritora. Estava tentando me esquecer do que havia acontecido comigo. Estava tentando parar de sentir aqueles garotos sobre e dentro da minha pele, o jeito como riam de mim, como riam enquanto me destruíam.

Lembro-me muito pouco do ensino médio, mas, nos últimos anos, conforme meu perfil de escritora começou a ficar mais visível, comecei a ter notícias de pessoas com quem estudei naquele período e, estranhamente, todas se lembram bem de mim. Elas me procuram via e-mail ou Facebook, ou em eventos, e me perguntam, ansiosas, se eu também me lembro delas. Contam histórias engraçadas que fazem parecer que eu era interessante e não tão insuportável quanto me lembro de ter sido. Não sei como encarar essas lembranças de outras pessoas, ou como conciliar suas lembranças com as minhas. O que sei é que desenvolvi uma língua afiada no ensino médio. Eu era quieta, mas sabia dar um bom fora em alguém, se me decidisse a fazê-lo.

Em meu tempo livre, eu escrevia muito, histórias sombrias e violentas sobre jovens garotas sendo atormentadas por garotos e homens terríveis. Eu não podia contar a ninguém o que tinha me acontecido, então, eu escrevia a mesma história, de mil maneiras diferentes. Era um alívio conseguir dar voz a algo que não podia dizer a ninguém. Eu tinha perdido minha voz, mas tinha palavras. Rex McGuinn, um dos meus professores de inglês, reconheceu algo em minhas histórias. Ele me disse que eu era uma escritora e me disse para escrever todos os dias. Hoje, percebo que recomendar a escrita diária é algo que muitos professores fazem, mas eu levei o sr. McGuinn muito a sério, como se ele estivesse me dando um conselho sagrado, e escrevo diariamente até hoje.

A coisa mais importante que o sr. McGuinn fez por mim, no entanto, foi me levar ao centro de orientação do campus. Ele viu que eu precisava de ajuda e me levou a um lugar onde eu poderia obter essa ajuda. Não vou dizer que encontrei consolo ou salvação no centro de orientação, porque não aconteceu. Eu não estava pronta. As primeiras sessões com o meu orientador, que era homem, foram apavorantes. Eu ficava sentada na beirada da cadeira, olhando a porta, tramando todas as possíveis rotas de fuga. Eu não queria ficar sozinha com nenhum homem, muito menos com um estranho, numa sala com a porta fechada. Eu sabia o que podia acontecer. Ainda assim, continuei voltando, talvez porque o sr. McGuinn tinha me pedido, talvez porque alguma parte de mim soubesse que eu precisava de ajuda, e eu estava faminta por isso.

Capítulo 18

Na escola, eu comia e comia e comia. Quando ia para casa nos recessos, eu encenava estar de dieta (e continuava comendo escondido tudo que realmente queria). Essa vida dupla em relação à comida viria a me acompanhar para além da minha vida adulta. Ainda me acompanha hoje. Meus pais tentaram descobrir por que eu estava ganhando tanto peso. Eu não tinha respostas que pudesse compartilhar com eles. Eles me puseram numa dieta supervisionada, à base de líquidos, durante o verão após meu primeiro ano. Todos os dias, eu tomava cinco shakes que pareciam feitos de giz e eram repulsivos. Claro que perdi peso — 18 kg, talvez mais. Meus pais ficaram satisfeitos por eu estar com o peso sob controle. Voltei para a escola e meus colegas de turma admiraram meu novo corpo, me fizeram elogios, queriam andar comigo. Essa foi a primeira vez que eu percebi que a perda de peso, na verdade, a magreza, era uma moeda social. Em meio a essa atenção, eu estava perdendo a minha recém-encontrada invisibilidade e isso me apavorou. Eu tinha medo de muita coisa quando adolescente.

Logo no primeiro semestre do segundo ano, perdi a moeda que tinha ganhado ao longo do verão. Em algumas semanas, imediatamente comecei a comer de novo, trabalhando de forma diligente para desfazer o progresso feito no verão anterior. Meu novo rosto mais fino logo ficou rechonchudo. Minha barriga forçava o cós das minhas calças. Meus seios incharam loucamente porque eu não estava apenas ganhando muito peso, mas também estava entrando na puberdade.

Eu ainda tinha esperança de que minha vida no colégio interno pudesse ser parecida com *The Girls of Canby Hall*, que eu me entrosaria com todas as garotas do meu dormitório e todos os professores me amariam. Essa nunca foi a minha experiência.

A solidão se mantinha companheira constante. Eu não tinha muitos amigos. Eu era estranha e sem jeito ao redor dos amigos que tinha e, na maior parte do tempo, tinha certeza de que eles só me aturavam por pena. Eu regularmente dizia as coisas erradas. Inventei um namorado, sr. X, e não sei o que mais me perturba hoje — que eu tenha usado esse pseudônimo bizarro para a minha invenção, ou que eu tenha sequer inventado um pseudônimo. Nem pude arranjar um nome plausível para o homem imaginário dos meus sonhos. No fim das contas, as garotas do meu círculo social perceberam que eu tinha descrito o sr. X baseada em um dos namorados delas, e não me deixaram esquecer isso. Eu não tinha o menor senso de moda. Não sabia arrumar meu cabelo. Não sabia ser uma garota normal. Não sabia como ser humana. Foi uma época muito, muito triste. Todo dia era uma decepção esmagadora ou um corredor polonês de humilhação.

Então, algum tempo mais tarde, no outono do segundo ano, comecei a ter uma forte dor abdominal. Ela me mantinha acordada à noite, resfolegando e aos prantos, sozinha no meu quarto do alojamento, longe de casa. Fui à enfermaria, que não era famosa por sua competência, e a equipe me perguntou repetidamente se eu poderia estar grávida. Na cabeça deles, esse era o problema mais provável que uma garota adolescente teria. Eu não estava grávida, mas eles não se interessaram em investigar mais a fundo. E me mandavam embora toda vez, parecendo não me levar a sério. A comunidade médica não se interessa particularmente por levar as dores das mulheres a sério.

Uma noite, fui me arrastando até a porta da professora residente no meu andar; uma mulher que, durante o meu primeiro ano, tinha me imitado num jogo de adivinhação abrindo os braços e andando feito um pato pela sala, até que alguém adivinhasse meu nome. Quando ela finalmente acordou e veio até a porta, eu estava fria e suando. A segurança do campus me levou até o hospital local, onde os médicos descobriram que eu tinha cálculo na vesícula.

Liguei para os meus pais, apavorada, e meu pai me disse para eu não me preocupar. Ele me disse para fechar os olhos e que de manhã ele estaria lá. Fiz o que ele disse e, quando acordei, lá estava ele. Esse era o tipo de pai que ele sempre foi. Passei por uma cirurgia de emergência e tive a vesícula removida. No fim das contas, a dieta rica em proteínas que eu fiz durante o verão não fez bem para a minha vesícula. Passei cerca de dez dias na enfermaria e acabei ficando com uma nova cicatriz medonha, sensível ao toque.

Durante minha recuperação, eu ainda sentia dor, e não tardou para que os médicos descobrissem que o cirurgião havia deixado alguns cálculos dentro de mim — pedrinhas bem pequenas causavam muita dor. Fui levada às pressas para o hospital Mass General, em Boston, minha primeira viagem de ambulância, e novamente fiquei com medo, mas também empolgada, daquele jeito que ficam as crianças sem muita noção da mortalidade. Dessa vez, meus pais vieram junto e ficaram me paparicando até que eu melhorasse. Não demorou e eu voltei à escola. Eu tinha perdido peso com a doença, portanto, mais uma vez, eu tinha trabalho a fazer para deixar meu corpo cada vez maior e mais seguro.

Capítulo 19

Apesar de passar a maior parte do tempo taciturna e calada na sala do orientador, continuei frequentando a terapia ao longo do ensino médio. Eu não fazia muito progresso, mas era um lugar onde eu podia fugir da pressão de precisar tirar notas boas em uma escola extremamente exigente. Eu podia fugir do fato de ser uma adolescente impopular e desajeitada e desesperadamente solitária. Podia fugir do fato de ser uma filha decepcionante.

Acabei sendo direcionada a uma orientadora mulher e ela me deu uma edição de *The Courage to Heal*, de Ellen Bass e Laura Davis.* Em princípio, detestei o livro, por incluir um "livro de exercícios", assim como uma porção de atividades ridículas que eu não tinha como levar a sério. A linguagem era muito cheia de floreios e repleta de afirmações que também me deixaram desconfiada.

Muitas das teorias que aquele livro expõe hoje são desacreditadas, porém, à época, quando eu estava tão assustada e arrasada, *The Courage to Heal* me deu um vocabulário para o que eu tinha passado. Eu precisava daquele livro na mesma proporção que o detestava por todos os exercícios

* *The Courage To Heal*, ou *A coragem de curar-se*, em tradução livre, é um livro publicado pela primeira vez em 1988, nos EUA. Trata-se de um guia para mulheres vítimas de abuso infantil e, apesar de ter sido um grande sucesso ao longo dos anos, também foi alvo de críticas e gerou controvérsias. (N. E.)

infantis que ele incentivava. Aprendi sobre vítimas, sobreviventes e trauma, e que superar o trauma é possível. Descobri que eu não estava sozinha. Descobri que ser estuprada não tinha sido minha culpa, e, embora eu não acreditasse em tudo que estava descobrindo, foi importante saber que essas ideias, essas verdades, estavam ali. Eu não parecia estar me curando e não achava que algum dia poderia me remodelar como aquele livro sugeria que acontecia no processo de cura, mas senti que pelo menos havia algum tipo de mapa a seguir até um lugar onde a cura parecia possível. Eu precisava dessa solidariedade e esperança, mesmo que não conseguisse imaginar uma época em que voltaria a ser completa.

Capítulo 20

Havia um lugar onde eu podia me esquecer de mim mesma e da minha dor — o departamento de teatro. No ensino médio, eu me tornei uma fervorosa nerd das artes dramáticas e apaixonada pelo teatro técnico: todo o trabalho dos bastidores que torna qualquer espetáculo possível. Quando eu estava trabalhando nos bastidores, a minha nova medida da cintura não importava. Minha timidez não importava. Eu podia ser parte de algo sem que ninguém da plateia do espetáculo soubesse.

A primeira peça na qual trabalhei foi *A pequena loja dos horrores*, no meu primeiro ano. Trabalhei na cabine de som, cuidando dos sinais sonoros e fiz amizade com Michael, o belo aluno de pós-graduação (do último ano) que manobrava o maquinário gigante que surge ao final do espetáculo. No fim do ano, Michael me levou ao seu baile de formatura, que aconteceu num passeio de barco pelo porto de Boston. Ele era muito gentil e nunca quis nada além da minha amizade. Foi uma revelação e tanto para mim saber que um rapaz podia ser gentil.

Como nerd do teatro, aprendi a construir chapas e pintar telas estendidas para representar qualquer cenário ou fundo de que um espetáculo precisasse. Aprendi a elaborar efeitos de som, pendurar luzes e suportar as horas intermináveis de um ensaio técnico. Eu perambulava pelo vestiário abafado dos figurinos para encontrar peças específicas de roupa e ajudava a localizar e criar os objetos cenográficos para qualquer espetáculo. Quando estava no teatro, todo escurecido e empoeirado, eu era útil. Eu era competente. As pessoas me diziam para fazer coisas e eu fazia aquelas coisas. Dedicava-me às tarefas que surgiam e me esquecia dos garotos da floresta e do que eles tinham feito ao meu corpo.

Eu podia assistir às peças e aos musicais enquanto eles ganhavam vida. Não importava qual espetáculo fosse, eu adorava a representação e as peculiaridades dos atores que se saíam tão bem em fingir que eram muito mais do que apenas estudantes do ensino médio. Nossos professores, a sra. Ogami-Sherwood e o sr. Bateman, tinham grandes personalidades e paixão pelo teatro. Eles mantinham todos nós, nerds das artes dramáticas, sob seu feitiço. O sr. Bateman era conhecido por circular com um copo cheio de Coca diet e vodca. Ele estava ficando careca, mas o pouco cabelo que tinha era rebelde, sempre arrepiado. Ele gostava de blusas pretas de gola rulê. Pouco depois que me formei, em 1992, ele foi preso por posse de pornografia infantil e pelo envio dessa pornografia para outros estados. Foi condenado a cinco anos de prisão. A sra. Ogami-Sherwood tinha uma cabeleira comprida e encaracolada. Ela era pequena em estatura, mas alta em todos os outros sentidos. Não tolerava bobagem, e a maioria de nós tinha medo dela, ao mesmo tempo que ansiava por sua atenção.

Em noites de espetáculo, eu por vezes assumia a função de assistente de produção. Eu me vestia toda de preto e me tornava parte do maquinário invisível que mantinha a peça em andamento. Eu conhecia todas as falas de qualquer peça em que trabalhasse e, junto com os outros nerds que eram tão obcecados por teatro quanto eu, encontrava um jeito de me divertir enquanto fazia um pouco de mágica. O ensino médio foi terrível, porém, no teatro nós criamos uns para os outros um lugar onde podíamos nos encaixar por algumas horas.

Capítulo 21

Camp Kingsmont é um acampamento de perda de peso e atividade física que frequentei no verão após meu segundo ano do ensino médio. Naquela época, o local ficava abrigado na pitoresca região de Berkshires, em Massachusetts. No folheto, tudo parecia convidativo e bucólico, então logo desconfiei da propaganda. No verão, meus pais me mandaram para Kingsmont por várias semanas — outra tentativa de resolver o problema do meu corpo. A minha opinião não importava muito nesse assunto porque eles estavam decididos a me fazer perder peso por quaisquer meios necessários, e eu tinha aprendido que dizer não de nada adiantava, portanto, lá fui eu para o acampamento.

Detesto acampar e estar ao ar livre, e odeio especialmente florestas. As cabanas onde os participantes ficavam eram, no mínimo, rústicas, e ficavam no alto de uma colina bem íngreme que éramos forçados a subir sempre que quiséssemos ir até elas.

Mas não tínhamos a chance de passar muito tempo nas cabanas, pois o acampamento era ostensivo em nos fazer "desfrutar" a vida ao ar livre. Os orientadores nos mantinham ocupados com inúmeras atividades elaboradas para nos forçar a fazer exercício sem sentirmos que estávamos nos exercitando. Pelo menos, essa era a ideia. Eu sempre sentia que estava me exercitando. Era um pesadelo — caminhadas pela mata, natação, esportes organizados e, claro, as trilhas terríveis colina acima depois do jantar e sempre que eu esquecia alguma coisa na cabana. Havia pesagens e, nas três refeições diárias e no lanche, comíamos uma porcaria de comida nutricional (muito frango assado e brócolis cozido no vapor, e versões insípidas de comidas normalmente deliciosas, como pizza e hambúrgueres) elaborada com o objetivo de promover ainda mais a perda de peso. Lembro nitidamente que eles ofereciam uma quantidade anormal de gelatina.

Novamente, perdi peso, mas como uma das mais velhas participantes, eu também passava bastante tempo com os orientadores, a maioria apenas três ou quatro anos mais velhos do que nós. À noite, depois que os mais novos iam para a cama, nós ficávamos em volta de uma fogueira atrás das cabanas. Era bem emocionante ser incluída num grupo dessa maneira singela e sentir que eu estava infringindo as regras.

Quando voltei à minha vida real, em casa, com meus pais, imediatamente abandonei todas as outras lições que tinha aprendido e recuperei, mais uma vez, o peso que havia perdido e até ganhei mais. A lição duradoura que aprendi no Camp Kingsmont foi fumar, porque as orientadoras nos deixavam filar cigarros delas. Fumar viria a ser um vício que eu manteria por dezoito anos.

Fumar sempre foi prazeroso e me dava uma onda leve. Fumar também fazia com que eu me sentisse descolada, mesmo sabendo que eu não tinha nada de descolada. Eu adorava o ritual de fumar. Naquela época, eu curtia toda aquela encenação. Comprei um isqueiro Zippo e sempre o mantinha abastecido de fluido. Gostava de abrir a tampa e fechá-la batendo na minha coxa, como um tique nervoso.

Comecei fumando cigarros Virginia Slims, ou Vagina Slims, como nós os chamávamos; depois passei para Marlboro vermelho, depois para Marlboro Light, antes de finalmente ficar com o Camel Light de caixinha, meu cigarro preferido. Cada vez que comprava um novo maço, eu batia com a tampa na palma da mão, várias vezes, para assentar o tabaco, depois tirava o invólucro plástico e o papel laminado de dentro. Eu virava um cigarro de cabeça para baixo, depois tirava outro para fumar. Tenho certeza de que aprendi esse pequeno ritual com uma das orientadoras do acampamento.

Eu adorava fumar depois de uma refeição, logo que acordava e antes de dormir. No ensino médio, eu tinha que esconder dos professores, então fazia uma caminhada entre uma aula e outra e fumava atrás das lojas da Water

Street, olhando para o rio Exeter. Durante aqueles momentos calmos, perto da água, sentada no cascalho ou na terra, cercada por guimbas de cigarro, latas de cerveja e sabe-se lá o que mais, eu me sentia uma rebelde. Adorava essa sensação de ser interessante o suficiente para infringir as regras, de acreditar que as regras não se aplicavam a mim.

Como a maioria dos fumantes, eu desenvolvi práticas elaboradas para esconder as provas de pessoas que poderiam fazer cara feia diante do meu vício — isto é, meus pais. Eu geralmente carregava comigo uma coleção de balas de menta, chiclete e coisas do tipo. Se eu estivesse dentro de um carro, abria a janela enquanto dirigia, tentando me convencer de que isso me arejaria.

Não demorou muito para que eu passasse a fumar um maço por dia e, claro, meus pulmões doíam quando eu subia escadas e, às vezes, eu acordava tossindo; todas as minhas roupas cheiravam a fumaça, e o vício estava se tornando terrivelmente caro, mas eu era descolada e estava disposta a fazer alguns sacrifícios para ser descolada, ao menos desse pequeno modo.

Capítulo 22

No "depois", eu me voltei para a comida, mas havia outros fatores complicadores. Nunca fui atlética, nem quando era mais magra. Eu era uma criança de classe média, portanto meus pais matricularam a mim e a meus irmãos numa série de esportes. Embora eles dois fossem atléticos, eu realmente nunca fui boa em nenhum esporte que tivesse tentado, apesar de ir aos treinos obedientemente.

No futebol, eu era goleira. Até hoje, minha família adora contar a história de quando eu estava sentada perto da trave do gol, colhendo dentes-de-leão, no meio de um jogo. Eu não me lembro disso, mas não me surpreende que o jogo tenha sido de pouco interesse para mim. Flores são bonitas e jogos de futebol são demorados e entediantes, principalmente quando jogados por crianças, que mal conhecem as regras ou a estratégia do jogo.

Quando joguei softball, eu era a receptora, mas tinha medo da bola, da forma como ela traçava uma reta em minha direção com tanta força e velocidade. Eu fazia tudo que podia para evitar aquela bola, algo que não era nada condizente com a posição. Eu também não tinha interesse nenhum em ficar correndo pelas bases. Minha versão ideal do jogo seria bater na bola e outra pessoa correr pelas bases para mim, e nunca ter que jogar quando o time oponente estivesse com o taco.

Em determinado momento, joguei basquete, mas ainda não era alta o suficiente — eu ficaria alta bem depois, já no fim da adolescência —, então não tinha uma vantagem natural e nem a menor inclinação a fazer cestas, nem a defender a bola dos oponentes ou fazer qualquer coisa que fosse necessária numa quadra de basquete. Novamente, eu não tinha nenhum interesse em ficar correndo pela quadra. Os uniformes não eram nada lisonjeiros. Minha posição favorita era a de mantenedora do placar. Eu era muito boa em trocar os números cada vez que alguém marcava uma cesta.

Na escola, jogávamos queimada e espirobol. Nós fazíamos o desafio presidencial de preparo físico* e eu terminava o módulo de corrida por último quase todo ano — um quilômetro parecia uma maratona. Eu remava em equipe e detestava o barco velho barulhento que usávamos. Joguei hóquei de campo e estava mais interessada nos méritos que meu taco tinha como arma. Lacrosse simplesmente não fazia nenhum sentido para mim. Hóquei no gelo era um pesadelo — passar todo aquele tempo sob temperaturas gélidas, tentando me equilibrar em duas lâminas estreitas, enquanto basicamente jogava futebol com um tabletinho redondo e tacos estranhos de hóquei. Rapidamente concluí que era alérgica a esportes. Ainda me mantenho firme nessa conclusão.

Fui, no entanto, uma nadadora decente. Eu adorava a água, a liberdade de me deslocar nela, me sentindo leve. Adorava fazer com o meu corpo coisas que jamais poderia fazer em terra. Gostava até do cheiro do cloro. Uma vez, bati um recorde da escola para os 25 metros livre. Para ser clara, isso foi na sexta série, mas eu ainda sinto uma pequena onda de realização com a lembrança, porque, na água, usando meus músculos e meus pulmões, eu conseguia ser forte e livre.

Meus irmãos, muito mais atléticos, ficaram com o futebol; meu irmão do meio acabou chegando longe e jogando profissionalmente por vários anos. Eu invejava a alegria palpável que eles sentiam com o esporte, com o atletismo, mas realmente não ambicionava aquela alegria. Sempre fui uma mulher de contradições. Meus verdadeiros amores eram e ainda são os livros, escrever histórias e sonhar acordada. O esporte era uma mera distração que me impedia de fazer o que eu realmente queria.

* O *Presidential Physical Fitness Test*, ou teste presidencial de preparo físico, era um programa governamental que instituía testes físicos periódicos em escolas dos EUA com o objetivo de manter os estudantes saudáveis. Os alunos deviam cumprir tarefas como flexões e corridas, e os mais bem colocados ganhavam prêmios. O programa foi substituído em 2012. (N. E.)

Capítulo 23

Ao longo do ensino médio, eu vivi no modo automático, fingia ser uma boa aluna na escola e uma boa filha quando falava com meus pais, enquanto minha mente continuava a se estilhaçar. A cada ano que passava, eu ficava cada vez mais enojada de mim mesma. Estava convencida de que ter sido estuprada havia sido culpa minha, que eu tinha merecido, que o ocorrido na floresta era tudo que uma garota patética como eu poderia esperar. Eu dormia cada vez menos, porque quando fechava os olhos, sentia o corpo de meninos esmagando meu corpo de menina, machucando meu corpo de menina. Sentia o cheiro do suor deles, o hálito de cerveja e revivia cada coisa terrível que eles tinham feito. Acordava ofegante e aterrorizada, e passava o resto da noite olhando o teto, ou lia para sair do meu corpo e da minha vida e entrar em alguma coisa melhor. Não havia uma motivação específica para o que eu lia: muito de Tom Clancy e Clive Cussler pela fuga que eles ofereciam, romances da Harlequin porque estavam em toda parte, e tudo mais que eu encontrasse na biblioteca do campus.

Durante o dia eu frequentava as aulas, que eram, de certa forma, outro tipo de fuga. No sentido acadêmico, a Exeter era intensa, muito mais rigorosa do que seriam minhas aulas na faculdade. Eu adorava as minhas matérias. Em arquitetura, tivemos que construir um recipiente que abrigasse um ovo em segurança se o jogássemos de cima do telhado do prédio, mas só podíamos usar isopor e elásticos. Numa turma de inglês, todo Upper (ou, para o restante do mundo, um aluno do terceiro ano) tinha de desenvolver um projeto significativo no qual deveríamos fazer pesquisas, entrevistar fontes e mergulhar num assunto que nos interessasse. Naquela época, eu queria ser médica, uma das profissões aprovadas por pais haitianos, então, escrevi sobre um cirurgião que era vizinho de porta da minha família. Ele foi paciente com as minhas perguntas e me deixou assistir a uma cirurgia durante as férias de primavera. Enquanto eu trabalhava no meu projeto, eu me sentia muito além de uma aluna de ensino médio sem graça.

Fui bem-sucedida nos estudos. Fui criada para isso, para ser excelente, para jamais me satisfazer com nada menos. Um nove era uma nota ruim, e se eu tirasse um nove e meio, ainda podia melhorar, então eu melhorava. Eu fazia o melhor possível. Sempre fui muito tensa com relação à escola por diversos motivos, dentre os quais a pressão pelo resultado e o conforto de saber que pelo menos o trabalho escolar era algo sobre o que eu tinha controle. Eu sabia estudar, memorizar e entender o sentido de coisas complicadas, contanto que elas nada tivessem a ver comigo. Também sabia quanto dinheiro meus pais estavam gastando em minha formação e, portanto, não podia fracassar. Eu não poderia decepcioná-los de mais uma maneira. Mesmo que fosse de alguma forma singela, precisava me sentir digna das expectativas que eles tinham em relação a mim.

Fui me tornando cada vez mais desligada do meu corpo, continuando a comer demais e a ganhar peso. Eu só tentava perder peso quando meus pais me obrigavam, ou quando resmungavam o suficiente para me fazerem entrar numa dieta desanimada. Eu não ligava para o fato de engordar. Eu queria ser gorda, ser grande, ser ignorada pelos homens, estar segura. Durante os quatro anos do ensino médio, provavelmente ganhei cerca de 55 kg. Eu acumulava contas inacreditáveis usando meu cartão Lion, a moeda da escola, comprando comida no The Grill e um monte de porcaria aleatória na livraria da escola, pois eu sentia uma onda de consolo quando comia ou gastava dinheiro.

Enquanto gastava todo esse dinheiro, eu provavelmente também estava tentando acompanhar os garotos ricos à minha volta, portadores de cartões American Express próprios que usavam de maneira extravagante em finais de semana em Boston, e viagens exóticas de férias na Europa ou em Aspen. Meus pais me confrontavam em relação às contas, furiosos com o desperdício de dinheiro, querendo respostas para cada gasto, mas, na verdade, querendo respostas para quem eu havia me tornado, tão diferente da filha que eles achavam que eu fosse. Eu não tinha respostas para eles. Eu tinha repulsa por mim, pelo que tinha me acontecido, pelo que eu estava fazendo com meu corpo ao ganhar tanto peso, pela minha incapacidade de funcionar como uma pessoa normal, pelas maneiras como eu era tão decepcionante para os meus pais.

Eu ainda alimentava meu compromisso de ser a maior nerd de teatro de todas as nerds de teatro do mundo. No meu último ano, algumas amigas e eu escrevemos e produzimos uma peça sobre violência sexual. Todas nós havíamos tido experiências com abusos que havíamos compartilhado, de um jeito ou de outro, ao longo dos anos. Na noite de estreia, meus pais estavam na plateia e depois, quando os encontrei no lobby, o espanto deles era palpável. Eles me perguntaram de que forma eu havia criado uma coisa como aquela. Era a oportunidade para que eu lhes contasse a verdade a meu respeito, mas dei de ombros diante das perguntas. Continuei guardando firme o meu segredo.

Quando chegou o momento de decidir para que faculdade eu iria, eu sabia que tinha de fazer o que fosse possível para deixar meus pais felizes, para compensá-los por ser quem eu era, por ser uma decepção. Eu responsavelmente me candidatei às faculdades, a maioria da Ivy League e a New York University. Fui aprovada em todas, menos na Brown University, um desprezo que eu (claramente) jamais esqueci. Recebi minha carta de admissão em Yale no escritório dos correios que ficava na escola, cercada de outros alunos do último ano que estavam igualmente ansiosos para saber o que o futuro reservava. Abri o envelope e me permiti corar de orgulho. Um jovem branco que estava ao meu lado, o tipo de cara que praticava lacrosse, não tinha sido aceito na escola de sua preferência. Ele me olhou com pura aversão. "Cotas", disse, debochando, sem conseguir engolir a verdade amarga de que eu, uma garota negra, tinha conseguido algo que ele não conseguira.

Se eu tivesse que fazer faculdade e, como filha de haitianos, eu *tinha* que fazer, eu queria entrar para a NYU, que tinha um programa de teatro incrível. Infelizmente, meus pais foram irredutíveis quanto a ser dispersivo demais cursar uma faculdade na cidade de Nova York. E quanto a me formar em teatro, isso era pouco realista, extravagante demais. A última pá de cal na minha vontade foi a preocupação deles, achando que a cidade era perigosa demais, uma preocupação que me deixou bem frustrada porque eu sabia onde o perigo espreitava — na floresta atrás das casas bem cuidadas, nos belos bairros exclusivos de classe média, nas mãos de bons meninos que vinham de boas famílias.

Por mais que eu quisesse cursar a NYU, o que eu queria ainda mais era um descanso, uma chance de aquietar todo o tumulto em minha cabeça. Perguntei aos meus pais se eu podia tirar um ano de folga, pois, no fundo, eu sabia que não conseguiria manter as aparências por muito mais tempo. Eu estava um caco, mal me mantendo em pé, mas meu pedido foi negado. Tirar um ano de folga entre o ensino médio e a faculdade não era algo que boas garotas faziam. Nunca passou pela minha cabeça que eu tivesse escolha em relação a esse assunto depois que me fosse dito o não.

Acabei escolhendo Yale porque eles tinham um programa de teatro incrível e eu queria trabalhar com dramaturgia em Yale, como Jodie Foster fizera. New Haven ficava a uma hora de Nova York, então eu poderia passar os fins de semana na cidade, eu disse a mim mesma. Claro que soa meio estranho precisar ser convencida a frequentar uma escola da Ivy League, uma das melhores universidades do mundo, mas eu era uma adolescente taciturna, além de carregar meu segredo, meu trauma. Eu não estava em posição de encarar meu privilégio ou o fato de que eu subestimava esse privilégio.

Capítulo 24

No outono, após a minha formatura do ensino médio, meus pais foram comigo de carro até New Haven e me instalaram no meu dormitório, no Old Campus, onde todos os alunos do primeiro ano moravam. Eu ficava no quinto andar de um prédio sem elevador, num quarto com mais três jovens. Conheci minhas colegas de quarto, garotas até bem legais, com quem me daria bem. Meu pai comprou para mim um sofá azul de dois lugares para colocar na sala comunitária, e ele e outro pai o carregaram cinco lances de escada acima. Minha mãe fez a minha cama com lençóis novinhos em folha e me ajudou a desfazer minhas malas. Nós saímos para jantar antes que eles seguissem para Nebraska, para onde se mudariam novamente. Tudo parecia bem normal. Antes de nos despedirmos, eles me desejaram boa sorte e me incentivaram a trabalhar em meu problema — meu peso, é claro —, e então mais uma vez fiquei sozinha.

Não tenho dúvidas de que meus pais estavam com medo de me deixar em outra escola. Da última vez que tinham feito isso, eu ganhara uma quantidade absurda de peso. Tenho certeza de que eles estavam aterrorizados quanto ao que aconteceria na faculdade, de quão maior eu ficaria. Eles não se preocupavam com bebida ou drogas, porque já sabiam qual era meu vício de escolha. Ainda assim, eles acreditavam na importância da educação, e acho que torciam para que eu tivesse algum senso de autopreservação, para que eu abraçasse a oportunidade que me estava sendo dada e perdesse peso, para que eu ficasse mais parecida com as outras meninas, para que fosse menor e, portanto, melhor.

Por ter estudado num colégio interno e morado num campus pelos dois primeiros anos, eu não tinha as angústias habituais ligadas à ida para a faculdade. Eu sabia me cuidar num campus, ou, pelo menos, fazer parecer que estava me cuidando.

Mas tive dificuldades, muito mais do que no ensino médio. Eu tinha conhecidos, mas ninguém com quem sentisse que podia ser honesta sobre mim mesma. Eu estava perdendo muito mais as estribeiras por haver bem menos supervisão. Havia muito mais tentações e meios de passar meu tempo. New Haven, Connecticut, é uma cidade bem diferente de Exeter, New Hampshire, muito maior, mais urbana, com uma população bem diversificada. Havia muito mais comida disponível para mim, tanto dentro quanto fora do campus — eu adorava ir ao Atticus, metade livraria e metade café, com saladas e sanduíches deliciosos. Eu raramente ia às aulas e, quando ia, pouca coisa fazia sentido. Um professor de biologia nos informou que tinha como missão arrancar os impostores pela raiz e separá-los dos alunos que estavam destinados a se tornarem doutores. Eu fui arrancada, de maneira bem eficiente, porque a carga de trabalho era absurdamente pesada. Havia laboratórios e dever de casa e relatórios a serem escritos segundo diretrizes muito rigorosas. Em Cálculo III, a matemática era tão complexa, tão esotérica, que era quase divertido. O professor podia até estar falando em outra língua.

Mudei meu curso três vezes, de pré-medicina e biologia para arquitetura e depois para inglês. Enquanto isso, eu passava a maior parte do meu tempo fazendo teatro, como no colégio. Nunca me cansava de ser responsável pelas escolhas silenciosas dos bastidores das cenas que faziam com que o espetáculo teatral funcionasse.

Meus dias e minhas noites eram passados nos bastidores da escola de dramaturgia de Yale e nos teatros dos institutos (ou em dormitórios, em qualquer lugar) pelo campus. Eu construía os cenários, pintava chapas e organizava as mesas de som, pendurava luzes. Uma vez, acompanhei um consultor do corpo docente a uma escola particular em Massachusetts, para obter uma cerca trançada que usaríamos durante as cenas finais de *Amor, sublime amor*. Desenhei o cenário para uma pequena produção universitária e atuei como diretora técnica numa peça no teatro experimental. Eu conseguia me esquecer da escola, da minha família e da minha infelicidade quando trabalhava nos espetáculos. Quando estava nos bastidores ou na loja de material cenográfico ou lá no alto, na passarela suspensa, havia coisas que precisavam ser feitas e eu sabia como fazê-las. Ser útil era um bálsamo.

Capítulo 25

O verão em que eu tinha dezenove anos marcou o início dos meus anos perdidos, e meus anos perdidos começaram com a internet. Quando meu segundo ano de faculdade terminou, eu me mudei para um apartamento em cima de um mercado gourmet, com uma conhecida. Não éramos particularmente próximas, mas éramos amistosas o bastante para acreditar que poderíamos morar juntas.

Quando eu comecei a faculdade, meus pais me deram um computador, um Macintosh LC II e um modem. O computador e o modem eram para me ajudar nos estudos, mas, na verdade, eu os utilizava para ficar papeando com estranhos ao redor do mundo em salas de bate-papo e no IRC [Internet Relay Chat], um velho programa de bate-papo com milhares de canais povoados por milhares de pessoas solitárias mais interessadas em falar besteiras umas com as outras.

Eu passava a maior parte do meu tempo acordada on-line, falando com estranhos. Lá eu não tinha que ser a gorda fracassada sem amigos que não conseguia dormir, que era como eu me via. Eu mergulhei no anonimato e na habilidade de me apresentar aos outros como bem quisesse. Eu me perdia na sensação de estar conectada a outras pessoas pela primeira vez em sete anos. Estar on-line oferecia uma emoção muito particular, da qual eu precisava desesperadamente.

Ao longo do ensino médio, eu não tive vida romântica para contar. Eu era esquisita demais, tímida demais, desengonçada demais para namorar.

Eu era invisível para os meninos da minha escola por conta da minha negritude, por causa do meu tamanho, pela minha total indiferença em relação à minha aparência. Por ler muito, eu era uma romântica de coração, mas meu desejo de fazer parte de uma história romântica era muito intelectual, objetivo. Eu gostava da ideia de um menino me convidar para sair, me levar para um programa romântico, me beijar, mas eu não queria de fato ficar sozinha com um menino, porque um menino podia me machucar.

Os homens com quem eu falava pela internet me permitiam desfrutar da ideia do romance, do amor, da cobiça e do sexo, tudo isso enquanto eu mantinha meu corpo em segurança. Eu podia fingir que era magra, sexy e confiante.

Descobri fóruns para sobreviventes de estupros e de abuso sexual em que, assim como ocorreu quando li *The Courage to Heal*, vi que não estava sozinha. Nesses fóruns on-line, vi que coisas horríveis aconteciam com muitas meninas e, às vezes, meninos. Vi que por mais terrível que fosse o meu segredo, muita gente tinha segredos bem piores.

Nas salas de bate-papo do IRC, falei com gente da comunidade BDSM e aprendi sobre relações sexuais seguras e consensuais, onde o poder era alternado, mas você tinha uma palavra segura para fazer com que as coisas parassem quando quisesse. Aprendi que há pessoas que aceitam o tipo certo de *não* como *não*, e isso foi poderoso, inebriante. Eu queria saber mais sobre meios seguros de se dizer não.

Eu tinha um vocabulário mais extenso agora para o que havia acontecido na floresta. Aos doze anos, eu não tinha tais palavras. Eu só sabia que aqueles garotos tinham me forçado a fazer sexo com eles, tinham usado meu corpo de maneiras que eu não sabia que o corpo de uma menina podia ser usado. Graças aos livros, à terapia e aos meus novos amigos da internet, eu soube, mais claramente, que há algo chamado estupro. Eu soube que quando uma mulher diz não, os homens supostamente ouvem e param o que estão fazendo. Eu soube que não era minha culpa que eu tivesse sido estuprada. Havia uma empolgação silenciosa em ter esse novo vocabulário, mas em muitos sentidos, não sentia que esse vocabulário se aplicava a mim. Eu estava danificada demais, fraca demais para receber absolvição. Acreditar nessas verdades não era tão fácil como conhecê-las.

Capítulo 26

Algumas semanas antes do início do meu penúltimo ano, eu sumi. Não disse a ninguém aonde ia — nem para minha colega de apartamento, que estava com razão cada vez mais farta do meu comportamento irregular, nem aos meus conhecidos, nem mesmo aos meus pais. Voei para San Francisco porque tinha conhecido um homem de quarenta e poucos anos num fórum on-line e nós tínhamos... interesses mútuos. Pela primeira vez na vida, me sentia desejada e, embora eu não tivesse um desejo real por aquele homem, ser desejada era o bastante. Coloquei meu corpo em perigo, embora não fosse tola, mas tudo que queria era deixar para trás a vida que eu tinha. Agarrei-me à minha única saída.

Mesmo com todos os problemas que eu havia experimentado, eu também tive muita sorte. O homem mais velho era estranho, porém bondoso. Ele nunca me machucou. Nunca me forçou a fazer nada que eu não quisesse. Ele cuidou de mim e me apresentou a outras pessoas estranhas, porém bondosas, que me aceitaram como eu era — jovem, perdida e totalmente arrasada — sem se aproveitarem de mim. Fomos a San Francisco para participar de algumas festas, onde conheci muitas pessoas com quem eu vinha conversando pela internet havia meses. Depois de um período de farra, ele me convidou para ir com ele até Scottsdale, Arizona, um subúrbio de Phoenix, onde ele morava. Eu não queria regressar à minha vida. Eu não podia. Então, não voltei.

Eu não tinha dinheiro e só tinha roupa para alguns dias. Ninguém que me amava sabia onde eu estava. Eu estava empolgadíssima. Sentia-me livre porque não precisava mais fingir ser a boa menina da Ivy League para os meus pais e para ninguém.

Passei quase um ano em Phoenix. Perdi a cabeça e simplesmente nem tentei me recompor. Apenas fazia o que queria. Fiz o tipo de coisa que a boa menina que por muito tempo eu fingi ser jamais sonharia fazer. Não havia mais fingimento em ser a aluna que só tirava dez, ou uma menina que se preocupava com as notas, ou uma boa filha, ou uma boa nada. Completamente desapegada da minha vida anterior, eu podia ser uma tela em branco. Podia me reinventar. Eu podia correr o tipo de risco que seria impensável pouco tempo antes. Podia romper de vez a rachadura que havia muito crescia entre mim e minha família e tudo que eu conhecera.

Eu trabalhava no turno da madrugada numa empresa de ligações eróticas, no centro de Phoenix, com um monte de outras garotas perdidas. Passava a maior parte do tempo sentada em minha cabine, fazendo palavras cruzadas, enquanto conversava com homens solitários que só queriam a fantasia de uma mulher que pudesse ouvi-los por dez minutos, uma ou duas horas. Por volta das quatro da manhã, no intervalo para refeição, comprávamos comida; uma comida gordurosa terrível, no Jack in the Box do outro lado da rua. Eu estava gorda e continuei comendo para engordar mais, e falava com homens sem ter que ser tocada por eles. Quando meu turno terminava, eu ia para casa e às vezes convidava minhas colegas de trabalho para ir comigo, e nós sentávamos em volta da piscina da casa do homem, dormindo de óculos escuros enquanto o sol do Arizona queimava nossa pele.

Um dia, o homem que me levou ao Arizona me ensinou a atirar com balas de cera. Era muito divertido ter uma arma em minhas mãos — o poder de apertar o gatilho, mesmo que as balas só atingissem um alvo inanimado com um ruído abafado. Eu pensei em apontar a arma para os meninos que haviam me ferido. Pensei em apontar a arma para mim.

A maior parte das escolhas que fiz durante meu ano perdido foi imprudente. Eu era inconsequente. Não ligava para o meu corpo porque meu corpo era nada. Eu deixava que homens, em sua maioria, fizessem coisas terríveis ao meu corpo. Deixava que eles me ferissem porque eu já tinha sido ferida e, na verdade, estava procurando alguém que terminasse o que já tinha sido começado.

Sem limites. Destemida. Essa foi a reputação que ganhei no meu círculo social. Uma dessas coisas era verdade.

Eu ia para casa com estranhos. Um homem me convidou para sua casa enquanto a esposa dormia no chão, ao lado da cama onde nos deitamos. O chão dele estava coberto de areia da caixa do gato. Ainda me lembro do barulho da areia sendo esmagada sob meus pés descalços quando saí, sorrateiramente, na manhã seguinte, fui até um telefone público e liguei para o homem com quem eu morava pedindo que fosse me buscar. Eu comecei a sair com mulheres, pois, ingenuamente, achei que com elas eu talvez estivesse segura. Achei que as mulheres seriam mais fáceis de entender.

Por alguns meses, vivi com o homem; depois, arranjei um apartamento com um casal que acabaria pegando a minha parte do aluguel e daria calote no senhorio. Alguns meses depois de eu ter ido morar com eles, quando fomos despejados de forma um tanto abrupta, fui a única a ficar chocada.

Meus pais acabaram me encontrando com a ajuda de um detetive particular, eu presumo. Nunca perguntei. Eles mandaram meu irmão Michael Jr. me ligar, sabendo de alguma forma que eu não desligaria o telefone na cara dele, o caçula da família. Nós voltamos a nos falar, timidamente. Fiquei sabendo que meu pai tinha ido a New Haven e arrumado as minhas coisas, acertado as contas com a minha colega de apartamento, a quem deixei de forma tão irresponsável. Depois que voltamos a nos falar, meu pai despachou algumas das minhas coisas para mim. Pagou minhas contas pendentes. Ele foi paternal, apesar de tudo que eu fiz para não ter pais.

E então tudo acabou. Cheguei em casa e encontrei o aviso de despejo na porta do meu apartamento. O casal com quem eu morava estava empacotando as coisas freneticamente, como se estivesse tudo bem. Entrei em pânico porque, em minha vida relativamente privilegiada, eu nunca tivera conhecimento de algo assim. Enquanto eu chorava, nervosa, guardei minhas coisas num baú que deixei com um amigo. Analisei minhas opções, mas não queria ir para casa. Eu não estava pronta. Com o dinheiro que tinha, comprei uma passagem aérea para Minneapolis. Fui para Minnesota, no auge do inverno, para ficar com uma menina que eu tinha conhecido na internet.

Isso se tornaria um padrão de comportamento — conhecer amantes on-line. Em princípio, fiz isso porque parecia mais seguro e eu podia ser sexual sem ter que de fato ser sexual. Depois, conforme fui ficando mais gorda, esse era um meio de conhecer pessoas e torcer para encantá-las com minha personalidade, antes de ter de mostrar a verdade do meu corpo grande. Achei que a garota de Minnesota fosse o amor da minha vida. Isso também viria a tornar-se um padrão. Duas semanas depois, percebi que ela não era o amor da minha vida. Ela era uma estranha, e eu não tinha nada, estava sem dinheiro, sem um lugar para morar, sem emprego. Desabei e liguei para os meus pais. Meu pai me disse para ir até o aeroporto de Minneapolis e eu fui, e lá havia uma passagem aérea me esperando. Novamente, ele me acolheu como pai.

Embora eles não precisassem fazer isso, apesar de terem ficado mortos de preocupação, meus pais me acolheram de volta em casa. Eles tinham perguntas, e raiva e mágoa e não havia muito que eu pudesse fazer em relação a nada disso. Eu não podia lhes contar a verdade. Não podia explicar por que eu continuava a ganhar tanto peso. Eu não conseguia encontrar um jeito de ser menos decepcionante. E, ainda assim, eu sabia que tinha um lar para onde voltar, um lar onde eu seria bem-vinda e amada.

Eu ainda estava um caco. Passava muito tempo no meu quarto, no meu computador, ocupando a linha de casa com o meu modem, o que não era bem-aceito pelo restante da minha família. Era mais fácil me perder no mundo virtual do que tentar recompor minha vida, ou encarar essas pessoas que acreditavam me conhecer. Eu ainda estava partida e gostava da sensação de simplesmente aceitar que tudo estava errado e não poderia ser acertado. Era bom não tentar e fingir.

Capítulo 27

Depois de vários meses de tensão vivendo em casa, em Omaha, me mudei para Lincoln, a cerca de oitenta quilômetros de distância. Queria minha independência e meu "espaço", queria me sentir adulta, embora estivesse longe disso. Eu estava com vinte anos e me sentia com doze, e me sentia com vinte e me sentia com cem. Eu não sabia de nada, mas achava que sabia de tudo.

O apartamento, subsidiado pelos meus pais, é claro, era um quarto e sala, com uma pequena cozinha e uma varandinha, onde eu fumava com um entusiasmo contínuo.

Eu sempre ia à casa dos meus pais e me abastecia de papel higiênico e comida na despensa da minha mãe. As coisas ainda estavam meio estremecidas entre nós, mas eu sabia, como sempre soube, que tinha um lar. Tive um colapso mental muito bem financiado. Não passava fome, embora fosse faminta por tanta coisa.

Para pelo menos tentar me sustentar, tive uma série de empregos estranhos — balconista numa locadora de filmes adultos, operadora de telemarketing, pesquisadora da Gallup, atendente numa empresa de empréstimos estudantis — e rapidamente percebi que sem um diploma universitário eu só teria empregos estranhos por um salário mínimo. Fui readmitida em Yale, mas a ideia de voltar a New Haven era insuportável. Completei 21 anos e comemorei comprando uma embalagem com seis garrafas de cerveja Corona, embora eu odeie o gosto e o fedor de cerveja. Mais tarde, naquela noite, uma mulher com quem eu estava saindo sem compromisso ligou e mencionei que era meu aniversário. Quando disse que estava sozinha em minha casa bebendo cerveja barata, ela me ofereceu um pouco de diversão. Eu nem me lembro do que nós fizemos. Eu não tinha amigos. Acabei concluindo minha formação através de um breve programa de residência no Vermont College, que na época fazia parte da Norwich University — uma faculdade militar, em Vermont. Eu escrevia, escrevia e escrevia.

Eu queria muito ser escritora, então me matriculei no programa de mestrado em escrita criativa da University of Nebraska-Lincoln. Trabalhava à noite e frequentava as aulas durante o dia. Eu estava sempre sem dinheiro, o que não deve ser confundido com ser pobre. Eu tinha uma rede de segurança e sabia que tinha, e embora houvesse muitos dias em que eu me alimentasse de macarrão instantâneo, eu não passava fome, apesar de ser faminta. Eu raramente dormia, pois no sono eu era forçada a lidar comigo mesma, com meu passado. Eu era atormentada por pesadelos terríveis; na verdade, lembranças daqueles garotos, da floresta, do meu corpo à mercê deles.

Na universidade, eu frequentava as aulas e aprendia sobre literatura vitoriana e teoria cultural e pós-colonialismo, bem como participava de oficinas com alunos que eram surpreendentemente generosos em seus feedbacks em relação à minha escrita se comparados com a reputação das oficinas de escrita. Atuei como assistente editorial da *Prairie Schooner*, a revista literária da universidade, e fui sobretudo relegada a abrir a correspondência que chegava — centenas de materiais semanais para avaliação, tudo vindo de escritores como eu, que só queriam ser descobertos. Foi ali que aprendi que um dos melhores meios para se autoavaliar como escritor é trabalhar numa revista literária. Nós recebíamos todo tipo de material. As pessoas enviavam diários, odes a seus gatos, romances inteiros ou livros de poesia, tudo cuidadosamente impresso e acomodado em envelopes pardos. Havia muito material enviado por presidiários tão solitários quanto eu, pessoas que encontraram voz em suas celas de cadeia e queriam ser ouvidas. Eu me debruçava sobre essas cartas de todos esses escritores que pareciam compartilhar qualquer coisa sobre sua vida.

Quando chegava em casa à noite, geralmente ia direto para o computador, onde escrevia uma história atrás da outra, a maior parte sobre mulheres e suas feridas, pois era a única maneira que eu encontrava para extravasar toda a dor que estava sentindo. Eu frequentava grupos de notícias e salas de bate-papo para sobreviventes de abuso sexual. Embora não conseguisse contar a ninguém da minha vida real o que havia acontecido, aliviava meu fardo com estranhos na internet. Escrevia em blogs sobre as minúcias da minha vida, torcendo, acho, para ser vista e ouvida. Eu adorava e ansiava pela liberdade de estar on-line, livre da minha vida e do meu corpo. Eu comia e comia e comia, mas raramente a comida era memorável por qualquer motivo, exceto a quantidade. Eu comia inconscientemente, apenas para preencher a ferida aberta ou para *tentar* preencher a ferida aberta que eu era. Por mais que eu comesse, ainda sofria e ainda era aterrorizada por outras pessoas e pelas lembranças das quais eu não conseguia fugir. Consegui compor uma coletânea de contos para minha tese, intitulada *Que pequeno o mundo*, e fui bem-sucedida em defendê-la. Então eu tinha concluído meus estudos e não fazia ideia do que fazer, por isso arranjei um emprego na universidade, como escritora, para a Faculdade de Engenharia. Tentei fazer o que era esperado de mim. Alguns dias, eu me esforçava bastante.

Capítulo 28

Conforme fui passando mais tempo trabalhando na Faculdade de Engenharia, percebi que, quando eu havia sonhado em ganhar a vida como escritora, provavelmente deveria ter sido mais específica quanto ao que me referia. E, ainda assim, todos os dias eu tinha a chance de escrever. Tinha meu próprio escritório e um computador, no qual podia jogar paciência ou trabalhar na minha própria escrita. Na maioria das vezes, eu escrevia artigos sobre as pesquisas dos professores — coisas sobre as quais eu nada sabia, mas que eles estavam sempre dispostos a me explicar —, sobre equipamentos de construção robótica, aerogels que podiam ser usados no espaço, defesas contra o bioterrorismo, usos inovadores para chips RFID.

O emprego era bom; de longe, o melhor que eu já havia tido, com o salário mais alto que eu já havia ganhado, embora eu não estivesse ganhando muito. Eu tinha uma supervisora ótima e incentivadora, Constance, que me tornou uma escritora muito melhor. Aprendi a usar o Adobe Creative Suite. Trabalhei com alunos da graduação em engenharia, como consultora da revista deles.

E, ainda assim, eu sentava nos escritórios dos professores, ouvindo-os falar sobre suas pesquisas e pensava: *Eu com certeza poderia fazer o que eles fazem*. Certamente, isso era um tanto pretensioso, mas eu estava trabalhando por turnos de dez horas diárias, sempre segundo a veneta de alguém. Eu invejava a liberdade que os professores pareciam ter, lecionando duas ou três vezes por semana, estipulando suas próprias programações e sendo lindamente remunerados. Eu queria viver aquela vida. Ao longo do meu programa de mestrado, sempre tive a intenção de obter meu doutorado, mas eu iria obter o doutorado em escrita criativa, escreveria meu grande romance haitiano-americano, arranjaria um emprego de professora e estaria estabilizada pelo resto da vida.

Então, como uma das tarefas da minha função, fui à conferência anual da Associação Nacional de Engenheiros Negros, para ficar numa mesa de recrutamento da Faculdade de Engenharia. Betty, a mulher cuja mesa ficava de frente para a minha durante toda a conferência, começou a conversar comigo sobre a escola na qual ela trabalhava, a Michigan Technological University, e como eles tinham um ótimo programa de comunicação técnica. Eu nunca havia ouvido falar sobre a Michigan Tech e estava certa de que ficaria na UNL. Mas, depois da conferência, ela manteve contato e foi persistente. Então, a mulher com quem eu acreditava ter um relacionamento terminou comigo, no Dia dos Namorados, via e-mail, e, de repente, eu queria ficar o mais distante possível de Lincoln. Candidatei-me à Michigan Tech, fui aceita e eles me fizeram uma oferta que eu não pude recusar — dinheiro suficiente para quase se igualar ao meu salário, oportunidades para lecionar, remissão do meu custo estudantil e um plano de saúde terrível. Naquele verão, eu me mudei para Hancock, Michigan, sem nunca ter estado lá, para cursar um programa de doutorado numa escola da qual nunca ouvira falar, numa área de que eu nada conhecia. Meu irmão Michael Jr. se transferiu para Michigan e se juntou a mim. Enquanto nosso carro entrava na cidade, nós dois percebemos que não fazíamos a menor ideia de onde estávamos nos metendo. A Upper Peninsula era um lugar bem remoto. As estradas de duas faixas que nós seguimos, durante horas, eram apequenadas pelas árvores robustas e folhosas. Depois que o sol se pôs, havia cervos por toda parte e nós seguimos devagar, quase parando. Quando conheci minha locatária, que morava no andar de cima de um prédio onde ela e seu falecido marido antes tiveram uma lavanderia, ela ficou atrás da tela trancada enquanto eu e meu irmão ficamos de pé na varanda. Ela me olhou e disse: "Ao telefone, você não parecia ser uma menina de cor". Eu tinha trinta anos.

Capítulo 29

Havia algo reconfortante na universidade, em viver uma vida da mente. Meu corpo não importava porque eu estava na escola, assistindo às aulas e aprendendo coisas. Eu estava aprendendo a lecionar no novo emprego. Eu tinha responsabilidades bem específicas que exigiam praticamente todo o meu foco, meu tempo e minha energia.

Mas eu não conseguia me esquecer do meu corpo. Não podia fugir dele. Eu não sabia como fugir dele e o mundo estava sempre ali para me lembrar.

No meu primeiro dia lecionando, uma segunda-feira, vomitei antes da aula porque estava aterrorizada, embora não fosse por lecionar em si. Eu ia lecionar redação para o primeiro ano e, embora administrar uma turma fosse um desafio, eu me sentia à vontade comunicando aos meus alunos o básico da escrita persuasiva. O que eu temia era a minha aparência e o que eles achariam de mim. Meu medo era que, se eles não gostassem de mim, poderiam zombar de mim, debochar do meu peso, e eu não tinha certeza do que fazer para que eles gostassem de mim, já que ainda me achava tão desagradável quanto sempre havia achado. Eu receava quanto à minha resistência física, se seria capaz de ficar cinquenta minutos de pé. Temia transpirar diante deles e como me julgariam por isso. Fiquei preocupada quanto ao que vestir, porque meu uniforme-padrão — jeans e camiseta — era informal demais, e a pouca roupa social que eu tinha era social demais para a sala de aula.

A coisa boa do ensino é que os alunos são treinados, desde cedo, a obedecer regras. Eles vêm para a sala de aula e geralmente sentam e se comportam de forma ordenada. Quando você lhes diz para fazerem algo, eles fazem. Entrei em minha primeira sala de aula com o coração disparado, transpirando por todo lado, minha cabeça zunindo com todos os meus temores e minhas inseguranças. Eu estava carregando uma caixa grande de Legos, pois, na pior das hipóteses, os alunos podiam gostar de mexer com brinquedos. Em princípio, eles pareceram não perceber que eu era a professora, e não tenho certeza se isso era por conta do meu tamanho, da minha raça, ou do que eu torcia futilmente para que fosse minha aparência jovial. Quando parei na frente da sala, todos se calaram e perceberam que eu era a professora. Fiz a chamada com as pernas bambas, e depois comecei a discutir o programa, a natureza da matéria e o que seria esperado deles — frequência regular, participação ativa, trabalho de casa entregue no prazo, nada de plágio e coisas assim. Foi tranquilizador ter esses detalhes administrativos para repassar com os alunos, mas quando terminei de discutir o programa, eu tinha que de fato lecionar, e minha onda de ansiedade voltou.

Ao final daquela primeira aula, conforme os alunos foram saindo da sala, eu queria desmoronar de alívio, porque eu havia conseguido sobreviver àqueles cinquenta minutos sendo gorda na frente de 22 alunos de dezoito e dezenove anos. Então, percebi que teria de fazer tudo outra vez na quarta-feira e na sexta-feira, semana após semana por um semestre inteiro.

Eu ia para minhas aulas. Eu lecionava. Eu estudava. Tentei fazer amigos e consegui, com um pouco de êxito. Nos finais de semana, eu jogava pôquer num cassino em Baraga, a reserva Ojibwe, a cerca de sessenta quilômetros de distância, debruçada sobre a mesa com homens estranhos; eu me concentrava para tirar o dinheiro deles, o que eu fazia com frequência. Ainda não dormia muito. Continuava comendo, tentando conseguir um pouco de paz.

Então, um dia, eu estava caminhando para casa, voltando do posto de gasolina do outro lado da rua, onde tinha ido comprar cigarro. Estava com um gorro de tricô, uma camiseta surrada e calça de pijama. Eu estava horrível, mas ninguém do posto ligava. Eu também não ligava. Um homem começou a me chamar, gritando: "Ei, garota do cassino", o que me fez querer correr. Imaginei que ele fosse debochar de mim, porque eu já estava acostumada às pessoas, em sua maioria homens, gritando crueldades para mim de seus carros e suas bicicletas — para que eu soubesse exatamente o que eles achavam do meu corpo.

Não era isso. Ele me seguiu até meu apartamento e subiu as escadas; então, rapidamente fechei a porta de tela, passei o trinco e fiquei olhando para ele, do lado de fora. "Você joga pôquer no cassino", disse ele, e eu assenti, relutante. Tentei me lembrar dele, mas não consegui. Ele se parecia com todos os outros caras brancos que eu via pela cidade — moreno, cabelo bagunçado, barba, vestindo camisa de flanela, jeans e botas de trabalho. "Você está sempre falando merda na mesa de pôquer. Quer dar uma volta comigo e meus amigos?", ele apontou à distância. "De jeito nenhum", eu respondi, querendo que ele fosse embora, mas ele era muito persistente. Eu não tinha certeza do que ele queria comigo, mas sabia que não podia ser nada bom. Talvez ele quisesse que eu fosse encontrar seus amigos para que eles me machucassem. Talvez ele quisesse dinheiro. Eu pensava nas possibilidades, enquanto ele continuava se lamuriando. Finalmente, ele disse que precisava voltar ao encontro dos amigos, e eu fechei a porta, inquieta. Naquela noite, não consegui dormir; fiquei olhando o teto, preocupada por aquele homem estranho ter me seguido até minha casa.

Ele continuou voltando, noite após noite, e sempre batia na porta e depois ficava parado na minha varanda. Quando eu finalmente vinha até a porta, ele falava comigo através da tela, sem jamais tentar entrar. Acabei percebendo que ele queria me convidar para sair. Fomos jantar em um hotel Ramada que ficava próximo e tinha um restaurante ruim, mas um bom bar. O nome dele era Jon. Ele era lenhador. Adorava caçar e pescar. Adorava o basquete dos Lakers. Nunca havia morado em outro lugar a não ser a Upper Pensinsula de Michigan.

Sempre fui cética com sua atenção, sempre esperando que ele revelasse seu eu verdadeiro e cruel, mas, dia após dia e semana após semana, ele era bom para mim. Ele era confiável. Ignorava minhas farpas ocasionais e resistia a todas as minhas tentativas para afastá-lo. Ele bebia demais, mas era um bêbado feliz, do tipo que ri das próprias piadas e adormece sorrindo. Eu parei de fumar porque estava ficando mais velha e me dei conta de que já fumava havia dezoito anos e tinha que pelo menos tentar me amar o bastante para abrir mão de um dos meus vícios terríveis e amados.

Eu ficava o tempo todo on-line, comecei a participar de blogs como HTML*Giant* e *The Rumpus*. Descobri o *networking* social. Comecei a enviar meus textos para o mundo outra vez. Jon chamava qualquer um que eu conhecesse pela internet de meus "amiguinhos do computador". Em alguns fins de semana, ele me levava ao seu camping, a versão Upper Peninsula de uma cabana remota num lago. Lá não havia sinal de internet e quase nenhum serviço de telefonia celular. Eu tinha que me desligar da segurança do mundo virtual e estar presente no mundo real, com ele. Ele foi o primeiro homem que me tocou com delicadeza, mesmo quando pedi que ele não o fizesse. Ele me amou e, ao longo do tempo, percebi que também o amava. Nós tínhamos um bom relacionamento, com mais altos do que baixos.

Então, meu doutorado chegou ao fim. Consegui um emprego para lecionar na Eastern Illinois University. Eu estava começando a fazer minha carreira como escritora. Tinha todos os motivos para me sentir esperançosa. Jon e eu tivemos incontáveis conversas sobre o que faríamos. Ele queria que eu ficasse. Parte de mim queria ficar, simplesmente me aquietar e me tornar esposa de um lenhador. Porém, uma parte maior de mim queria que ele fosse comigo, porque eu tinha trabalhado com muito afinco durante cinco anos. Eu tinha realizado coisas que pouca gente consegue, menos ainda se forem mulheres negras. Queria acreditar na nossa história de amor. Esperei que ele fizesse o gesto grandioso que eu queria e de que precisava. Queria acreditar que era digna desse gesto grandioso.

Jon e eu não tivemos discussões dramáticas quando nos deparamos com o fim do meu tempo na UP. Depois que me formei, ele me ajudou na mudança para Illinois. Nós fomos à IKEA comprar móveis. Ele montou estantes e uma mesinha de centro, e verificou as trancas das portas do meu apartamento novo. Nós nos despedimos de cem maneiras diferentes, sem de fato dizermos "adeus". Os olhos de Jon estavam vermelhos quando ele seguiu de volta para casa. Os meus também. Nós continuamos em contato e, por um tempo, havia um anseio verdadeiro entre nós, pela ideia do que poderíamos ser. E, ainda assim, aquele gesto grandioso nunca aconteceu. Eu voltei à aceitação familiar do ódio a mim mesma. Eu me culpava. Culpava meu corpo.

III

Capítulo 30

Costumo me referir aos meus vinte e poucos anos como os piores anos da minha vida, porque eles foram exatamente isso. Porém, de um ano para o outro, as coisas melhoraram e eu me tornei mais funcional como adulta. Consegui acumular diplomas e ter empregos melhores. De maneira lenta, porém firme, eu tentava reparar o meu relacionamento com meus pais e me redimir aos olhos deles. No "antes", eu tinha sido uma boa garota, então sabia interpretar esse papel. Uma parte de mim ainda estava querendo interpretar esse papel após meu ano perdido no Arizona, de modo que, apesar da minha solidão desesperadora, eu talvez ainda estivesse ligada a algo — trabalho, escrita, família.

Porém.

Durante meus vinte e poucos anos, minha vida pessoal foi um desastre sem fim. Eu não conhecia pessoas que me tratassem com gentileza ou respeito. Eu era um para-raios de indiferença, desdém e agressão direta, e tolerava tudo isso porque sabia que não merecia coisa melhor, não depois de ter sido arruinada e não depois de continuar a arruinar meu corpo.

Minhas amizades, e uso esse termo de forma superficial, eram passageiras e frágeis, frequentemente dolorosas, com pessoas que geralmente queriam alguma coisa de mim e sumiam depois de conseguir o que queriam. Eu era tão solitária que me dispunha a tolerar esses relacionamentos. A vaga semelhança de uma conexão humana já era o bastante. Tinha de ser o bastante, mas não era.

A comida era meu único consolo. Sozinha em meu apartamento, eu me acalmava com comida. A comida não me julgava, nem exigia nada de mim. Quando eu comia, não tinha que ser nada, exceto eu mesma. E, portanto, eu ganhei 45 kg e depois mais 45 kg e depois mais 45 kg.

De alguma maneira, parece que o peso simplesmente surgiu no meu corpo um dia. Eu vestia tamanho 42, depois passei para o 50, depois para o 62 e então para o 76.

Por outro lado, eu estava intimamente consciente de cada quilo que se acumulava e grudava em meu corpo. E todos ao meu redor também estavam intimamente cientes. A preocupação da minha família passou a ser um coro constante de resmungos, sempre bem-intencionados, mas sempre um lembrete de como eu estava fracassando na mais humana das minhas responsabilidades — manter meu corpo. Eles eram incansáveis em me perguntar o que eu estava fazendo em relação ao meu "problema". Ofereciam conselhos. Tentaram ser mais duros. Ofereceram-se para me mandar a especialistas e spas. Ofereceram incentivos financeiros, um guarda-roupa novo, carros novos. Não há nada que eles não tivessem feito para me ajudar a resolver o problema do meu corpo.

Eles têm boas intenções, os meus pais. Eles me amam. Entendem o mundo como ele é e entendem como não há espaço para gente do meu tamanho. Eles sabem que quanto mais velha eu ficar, mais difícil será viver desse tamanho. Preocupam-se com minha saúde e felicidade. São bons pais. Meus pais também querem entender — eles são intelectuais, espertos, práticos. Eles querem que meu peso seja um problema que eles possam abordar com o intelecto que aplicam a outros problemas. Querem compreender como eu pude deixar que isso acontecesse, que meu corpo ficasse tão grande, tão fora de controle. Nós temos isso em comum.

E mesmo assim. Eles são minha equipe de Intervenção na Crise de Obesidade. Eles vêm ativamente combatendo o problema do meu corpo desde que eu tinha catorze anos de idade. Eu os amo, então aceito; às vezes, com graciosidade, às vezes, sem. Somente agora, com quarenta e poucos anos, comecei a bater o pé quando eles tentam puxar conversa sobre meu corpo e dizer: "Não. Eu não vou discutir sobre meu corpo com vocês. Não. Meu corpo, como eu me desloco, como o alimento, não é da conta de vocês".

Houve uma época em que todas as conversas incluíam alguma pergunta com relação ao meu peso. Meus pais — meu pai, em particular — averiguam se estou fazendo dieta, me exercitando e/ou perdendo peso, como se eu fosse apenas o meu corpo. Mas eles me amam. É disso que procuro me lembrar para que possa perdoá-los.

Meu pai é o mais fervoroso nessa cruzada. Ao longo dos anos, ele me presenteou com programas de perda de peso e livros sobre o assunto, especialmente os indicados pela Oprah. Um ano foi o *Deal-a-Meal*, de Richard Simmons. Ele me mandou panfletos. Já aconselhou que eu desse um tempo nos estudos, porque "todos esses diplomas que você está conseguindo não vão lhe adiantar nada porque ninguém vai te contratar com o seu tamanho". Ele já me disse: "Eu só estou lhe dizendo o que ninguém mais irá dizer", mas, é claro, ele está me dizendo o que o mundo está me dizendo, em todos os lugares aonde vou. Quando ele ouve falar de um novo medicamento ou programa para perda de peso, no rádio, na TV, no aeroporto, em qualquer lugar, logo me liga para me perguntar se eu já ouvi falar do que ele torce para ser a solução milagrosa do problema do meu corpo. Ele tem muita esperança no que eu poderia ser se ao menos superasse meu corpo. Sua esperança me deixa de coração partido.

Minha mãe é mais sutil e direciona sua preocupação basicamente à minha saúde. Ela sempre discute comigo sobre os riscos trazidos pela obesidade — diabetes, ataque cardíaco, derrame. Teme que os cuidados comigo possam recair sobre ela, caso eu venha sucumbir a uma doença terrível, e receia não estar apta à tarefa.

Meus irmãos também se importam comigo e eu sei que eles se preocupam, mas são meus irmãos, então não fazem pressão pela perda de peso. Eles são meus defensores e também meus algozes. Têm uma música, a canção da "gigantesca". Meu irmão do meio adora cantarolar. "Quando eu digo gigantesca, gigantes-caaa", ele berra, e todo mundo cai na gargalhada porque é muito engraçado. Não era engraçado quando eu era adolescente e não é engraçado agora, mas a canção permanece. Eu sempre fico irada quando eles cantam essa música. Meu corpo não é uma piada, nem objeto de diversão, mas eu suponho que seja para muita gente.

A pressão constante da minha família para que eu perdesse peso me tornou teimosa, embora eu fosse a única pessoa que realmente estava sofrendo. A pressão constante fez com que eu me recusasse a perder peso para punir essas pessoas que alegavam me amar, mas não me aceitavam como eu era. Ficou mais fácil abafar esse coro de preocupação, tolerar as maneiras horrendas como as pessoas me tratavam, ignorar que eu não podia mais comprar roupa no shopping, nem na Lane Bryant e, às vezes, nem na Catherines. Fiquei ressentida porque a única coisa em que todo mundo sempre quis focar era meu corpo, sempre indisciplinado e decepcionante. Eu me fechei completamente. Fiz tudo mecanicamente. Aprendi a me desligar dos meus pais, dos meus irmãos, de pessoas na rua. Aprendi a viver dentro da minha cabeça, onde eu podia ignorar o mundo que se recusava a me aceitar, onde eu podia rechaçar as lembranças dos meninos que eu não conseguia esquecer, por mais que o tempo passasse e crescesse a distância entre eles e eu.

Durante anos, havia eu e a mulher que eu acreditava viver dentro da minha cabeça e a mulher que tinha que carregar meu corpo pesado demais. Elas não eram a mesma pessoa. Não podiam ser, ou eu não teria sobrevivido a nada disso.

Capítulo 31

Quando você está acima do peso, seu corpo se transforma num registro público, em muitos sentidos. Seu corpo está constantemente em exposição. As pessoas projetam narrativas presumidas em seu corpo e não estão nem um pouco interessadas na verdade dele, qualquer que seja essa verdade.

Gordura, de forma bem semelhante à cor da pele, é algo que você não pode esconder, por mais escura que seja a roupa que você vista ou o quanto você evite listras horizontais. Você pode tentar ficar invisível. Você pode aprender a ser a graça da festa, para que as pessoas estejam tão ocupadas em rir de você, ou com você, que nem notem o óbvio, que nem se concentrem nele. Você pode fazer o que tiver de fazer para sobreviver a um mundo que tem pouca paciência ou compaixão por um corpo como o seu.

Independentemente do que você fizer, seu corpo está sujeito ao discurso público de família, amigos e estranhos também. Seu corpo está sujeito a comentários quando você ganha peso, perde peso ou mantém seu peso inaceitável. As pessoas são velozes em lhe oferecer estatísticas e informações sobre os perigos da obesidade, como se você não fosse apenas gorda, mas também incrivelmente imbecil, desatenta e iludida quanto à vigorosa falta de hospitalidade daquele corpo. Esse comentário costuma ser camuflado como *preocupação*, como pessoas que só têm as melhores intenções, de coração. Elas se esquecem que você é uma pessoa. Você é seu corpo, nada além disso, e é bom que seu corpo seja menos.

Capítulo 32

Uma epidemia é a disseminação de um contágio. É uma marcha incontrolável de uma doença infecciosa que se espalha pela humanidade. Ao longo da história, existiram muitas epidemias — sarampo, gripe, varíola, peste bubônica, febre amarela, malária, cólera —, mas, segundo incontáveis relatos de noticiários, nenhuma é tão mortal e disseminada quanto a epidemia da obesidade. Em lugar de febre, pústulas que vazam, glândulas inchadas ou lesões, seus sintomas são a circunferência da cintura e a mudança de rumo da massa corpórea. O corpo obeso é a expressão do excesso, da decadência e da fraqueza. O corpo obeso é um local de infecção maciça. É a perda de terreno na batalha, numa guerra entre a força de vontade, a comida e o metabolismo, na qual você é o maior perdedor.

Raramente um dia se passa, especialmente nos Estados Unidos, sem algum novo artigo discutindo a epidemia, a crise da obesidade. Esses artigos geralmente são cruéis, alarmistas, repletos de falsa preocupação com pessoas afligidas por essa epidemia e de uma genuína preocupação de que algo mude. Ah, o fardo sobre o setor de saúde, esses artigos lamentam. A obesidade, esses artigos dizem, está matando a nós todos, e custando uma fortuna inaceitável.

Certamente, há um pequeno grão de verdade nesses artigos, em seu pânico frenético. E também há medo, porque ninguém quer ser infectado pela obesidade, em grande parte porque as pessoas sabem como veem e tratam as pessoas gordas, o que pensam sobre elas, e não querem ficar fadadas a tal destino.

Capítulo 33

Como uma mulher gorda, eu sempre vejo minha existência reduzida a estatísticas, como se com números frios nossa cultura talvez conseguisse dar sentido ao que a fome pode se tornar. Segundo as estatísticas governamentais, a epidemia da obesidade custa entre 147 bilhões e 210 bilhões de dólares por ano, embora haja pouca informação clara em relação à forma como os pesquisadores chegaram a esses números esmagadores. Quais são, exatamente, os custos associados à obesidade? A metodologia é irrelevante. O que importa é o fato de que é caro e, portanto, um problema grave. Gente gorda é um ralo por onde escoam os recursos, com a necessidade de cuidados de saúde e medicação para seu corpo excessivamente humano. Muita gente age como se pessoas gordas estivessem pegando dinheiro diretamente de suas carteiras; a gordura alheia, um fardo em seu resultado pessoal.

As estatísticas também revelam que 34,9% dos norte-americanos são obesos e 68,6% dos norte-americanos são obesos ou têm sobrepeso. As definições de "sobrepeso" e "obeso" geralmente são vagas e obscurecidas por medidas arbitrárias como o IMC ou outros índices variados. E ainda: a epidemia de obesidade recentemente atravessou o oceano Atlântico e agora muitos países da Europa estão sendo vítimas do que rapidamente está se tornando uma pandemia — uma epidemia de proporções globais. O mais importante é que tem pessoas demais que estão gordas. A epidemia tem de ser controlada por quaisquer meios necessários.

Capítulo 34

Poucas áreas da cultura popular enfocam mais a obesidade do que a televisão e seus *reality shows*, e esse foco é inclemente, duro e, por vezes, cruel.

The Biggest Loser, um desses *reality shows*, é uma união profana do capitalismo e do complexo industrial da perda de peso. *The Biggest Loser* aparenta ser um programa de televisão sobre perda de peso, mas, na realidade, é uma propaganda antiobesidade, a realização do desejo de pessoas com corpo indisciplinado e gordo, tanto no programa quanto no público espectador. O programa permite que o espectador sinta-se motivado sem fazer realmente nada. Se o espectador ficar mesmo motivado, ele pode participar em casa e sentir que está, de alguma forma, fazendo parte do programa. Enquanto isso, eles também têm a satisfação de observar as pessoas gordas se tornando cada vez menos gordas de uma semana para a outra, enquanto competem por 250 mil dólares.

Eu assisti às primeiras edições de *The Biggest Loser* avidamente. O programa oferecia a fantasia máxima de uma garota gorda — você vai para uma "fazenda" passar alguns meses e, sob a pressão de treinadores, a ingestão perigosamente baixa de calorias, a manipulação dos produtores do *reality show* e a constante vigilância de câmeras de televisão, perde o peso que nunca conseguiu perder sozinha.

Durante aquelas primeiras edições, eu sempre flertava com a ideia de me candidatar a participar do programa, mas, realisticamente, isso jamais poderia acontecer. Eu sou tímida demais. Eu entraria em crise de abstinência sem internet. Não consigo me exercitar sem música. Se Jillian Michaels berrasse comigo, eu ficaria paralisada ou choraria feito um bebê, ou então a estrangularia. À época, eu era vegetariana e fiquei preocupada porque não como o peru Jennie-O, produto que o programa promove descaradamente. Participar do programa simplesmente não era e ainda não é plausível para mim.

Quanto mais tempo *The Biggest Loser* fica no ar, no entanto, mais perturbador o programa se torna para mim. Há uma constante humilhação das pessoas gordas, e os profissionais médicos aproveitam todas as oportunidades para dizer o quão perto da morte esses participantes obesos estão. Há os treinadores, com o corpo inegavelmente perfeito, exigindo a perfeição de gente que, por qualquer que seja o motivo, nunca teve um relacionamento saudável com seu corpo. Existe o espetáculo dos participantes se forçando de modos desumanos — chorando, suando e vomitando —, expurgando visivelmente a fraqueza de seu corpo. Esse não é um programa que empodera as pessoas através do condicionamento físico, embora seja isso que o marketing disfarçado quer que você acredite.

The Biggest Loser é um programa sobre como a gordura é um inimigo que precisa ser destruído, uma contaminação que tem de ser erradicada. É um programa sobre corpos indisciplinados que precisam ser disciplinados, por qualquer meio necessário, para que, através dessa disciplina, os obesos possam se tornar membros aceitos da sociedade. Eles talvez encontrem a felicidade, que, segundo o programa e as normas culturais, só pode ser encontrada através da magreza. Quando assistimos a programas como *The Biggest Loser* e seus inúmeros imitadores, estamos praticamente suplicando para que alguém "pegue todos esses corpos excessivamente humanos e faça o que quiser com eles".

Com a revelação dramática de Rachel Frederickson, ganhadora da 15ª edição de *The Biggest Loser*, aqueles que assistem ao programa finalmente tiveram um motivo irrepreensível para ficarem indignados com as práticas do *reality show*, embora ele esteja no ar e expondo uma narrativa corrosiva sobre a perda de peso desde 2004.

Quando a temporada começou, Frederickson pesava 118 kg. Em sua última pesagem, transmitida ao vivo, ela pesava 48 kg, uma perda de 60% em meros meses. Durante essa revelação, até os treinadores Bob Harper e Jillian Michaels ficaram boquiabertos diante do corpo esquelético de Frederickson. Ela tinha disciplinado seu corpo da maneira que lhe fora solicitada, porém, aparentemente, havia se disciplinado um pouco além da conta. O maior perdedor, agora sabemos, deve perder, mas até um limite. Há muitas regras para o corpo — geralmente silenciosas e sempre em mutação.

Em uma entrevista, Harper mais tarde viria a dizer: "Fiquei perplexo. Essa é a palavra exata. Quer dizer, nós nunca tivéramos uma participante que chegasse a 48 kg". Houve uma gama de reações na imprensa e nas redes sociais após todos verem o novo corpo de Rachel Frederickson. Seu corpo, como a maioria dos corpos femininos, instantaneamente se tornou um texto público, um local de discurso, mas dessa vez porque ela tinha ido longe demais com sua perda de peso. Ela tinha disciplinado seu corpo excessivamente.

Vários participantes anteriores fizeram inúmeras acusações ao programa, alegando que os procedimentos utilizados forçavam a desidratação, restringiam severamente a ingestão de calorias e incentivavam o uso de drogas para perda de peso, entre outros, para ajudar os participantes a atingirem seus objetivos e se saírem bem na televisão. Ainda mais incriminatório foi um estudo médico dos participantes de uma edição liderado por Kevin Hall, especialista em metabolismo. O estudo descobriu que o metabolismo de treze dos catorze participantes continuou desacelerando, mesmo depois da importante perda de peso. Esse metabolismo mais lento contribuiu para que os participantes recuperassem a maior parte do peso perdido durante o programa, se não todo ou mais. Os resultados são um lembrete severo de que a perda de peso é um desafio que o campo médico ainda não superou. Esse certamente não é um desafio para ser superado num programa de televisão. Não se admira que tantos de nós lutamos com nosso corpo.

Nos dois meses posteriores a sua grande revelação, Frederickson ganhou 9 kg e, aparentemente, chegou a um tamanho mais aceitável, porém ainda apropriadamente disciplinado. Ela explicou que perdeu tanto peso porque estava tentando ganhar o prêmio de 250 mil dólares, mas nós que nos renegamos e lutamos para disciplinar nosso corpo não somos tolos. Rachel Frederickson estava fazendo exatamente o que lhe era pedido, e o que muitos de nós faríamos, se pudéssemos pedir de nós mesmos.

Capítulo 35

Há inúmeros programas de perda de peso no viés de *The Biggest Loser*. O programa *Extreme Makeover: Weight Loss* tem uma abordagem ligeiramente mais realista do projeto da perda expressiva de peso, seguindo pessoas gordas em sua "jornada de perda de peso" ao longo de um ano. O treinador é bem mais cordial do que aqueles em *The Biggest Loser*. Vemos um esforço mais genuíno na perda de peso, como algo que não pode ser caprichosamente alcançado e empacotado para um público de espectadores da televisão. No entanto, a mensagem é a mesma — a autoestima e a felicidade estão diretamente ligadas à magreza.

Alguns programas são inteiramente dedicados à exploração. Em *Fit to Fat to Fit*, os treinadores, fisicamente impecáveis, ganham peso para que possam ter uma maior empatia com seus participantes. Depois, eles têm de perder esse peso novamente, voltando às suas silhuetas anteriores, naturais e mais perfeitas. O programa mostra a alegria inicial de comer com abandono, seguida pela infelicidade aparente de ter que comer *fast-food* e ser gordo e, finalmente, a satisfação duradoura desses treinadores por regressarem ao seu estado de aparência física perfeita. Os participantes são basicamente acessórios da narrativa trágica, depois triunfante, que o programa adora.

Khloé Kardashian, que sempre foi atormentada pelos tabloides por pesar pouco mais de 50 kg, apresenta um programa no canal E! chamado *Revenge Body*, no qual os participantes têm a chance de se vingar de alguém que lhes fez mal; a vingança acontece perdendo peso e entrando em forma. É um grande negócio essa ideia de que para acertar contas antigas é preciso ficar mais magra e sarada. A premissa do programa sugere que se você é gorda, as pessoas que não gostam de você provavelmente estão felizes e se deleitando com a sua condição.

Em *My 600-lb Life*, os candidatos obesos mórbidos viajam para Houston, onde o dr. Younan Nowzaradan — ou dr. Now, como é geralmente chamado — realiza um procedimento cirúrgico para perda de peso. No programa, a gordura é tratada como um espetáculo deplorável. *My 600-lb Life* se deleita com histórias de pessoas que são tão oprimidas por seu corpo indisciplinado que, por vezes, precisam da ajuda de paramédicos para saírem de casa. Elas chegaram a um ponto sem volta, seu corpo fracassou, seus entes queridos estão exasperados e prontos para se afastar. As pessoas gordas desse programa comem quantidades ultrajantes de comida e geralmente sofrem de um trauma não resolvido. Elas também sofrem de uma infinidade de patologias físicas. São, de muitas formas, histórias de advertência. Olhe para ela, sem fôlego, caminhando até a caixa de correio. Olhe para ele, afundado no sofá, comendo um saco de hambúrgueres gordurosos. Veja a dificuldade dela para entrar e sair de seu carro, o volante esmagando sua pança. Vemos pessoas em seu estado mais vulnerável, malvestidas, geralmente com roupas imensas, se é que podem trajar roupas, sua corpulência se espalhando por todo lado, desafiando as convenções, desafiando as normas culturais.

Cada episódio tem uma narrativa bem familiar, na qual conhecemos o participante e ficamos sabendo de sua vida, as aparentes limitações infelizes que ele possui. Depois, eles conhecem o dr. Now, que dá uma bronca neles e em seus entes queridos por deixarem que as coisas ficassem tão fora de controle. Ele tende a ficar visivelmente angustiado pelo paciente e seus familiares. O dr. Now geralmente solicita que essas pessoas entrem numa dieta de 1.200 calorias diárias para que possam perder 22 kg antes que ele execute o procedimento cirúrgico para perda de peso. Ele realiza a cirurgia, que sempre transcorre bem, e o paciente vê um terapeuta e segue em frente, tentando viver e comer de maneira diferente. Esse programa adora apresentar gratuitamente a gordura corporal, todos os excessos, os montes de banha. As cirurgias são gráficas, e nós vemos as partes internas, glóbulos de gordura sendo empurrados para o lado por instrumentos médicos, conforme o corpo obeso está sendo colocado de volta sob controle. Através da intervenção médica, o programa oferece a redenção, ou pelo menos uma chance de redenção. Cada episódio tenta terminar num tom esperançoso, porém, às vezes, mesmo com a intervenção médica não há final feliz, que, segundo o programa, é um corpo drasticamente magro. Nisso, *My 600-lb Life* oferece um pouco de verdade.

Detesto esses programas, mas claramente assisto a eles. Assisto a eles, embora por vezes me deixem furiosa, e, por vezes, de coração partido, e quase sempre revelem dolorosas experiências familiares de solidão, depressão e sofrimento verdadeiro, tudo originado da vivência num mundo que não consegue acomodar corpos com sobrepeso. Assisto a esses programas porque embora saiba o quão corrosivos e irrealistas eles são, parte de mim ainda anseia pela salvação que eles prometem.

Capítulo 36

Não são só os *reality shows* que estão obcecados pelo peso. Se você assistir a programas de televisão diurnos, particularmente nos "canais femininos", verá uma quantidade interminável de comerciais sobre produtos para perder peso e sobre alimentos dietéticos — meios de disciplinar o corpo que também engordam os cofres de uma ou outra corporação. Esses comerciais me deixam maluca. Eles incentivam a autocomiseração. Eles nos dizem, à maioria de nós, que não somos boas o bastante em nosso corpo do jeito que está. Oferecem-nos a aspiração mais cruel. Nesses comerciais, as mulheres ficam em êxtase diante da possibilidade de satisfazerem sua fome com alimentos repulsivos, enquanto mantêm uma silhueta apropriadamente esguia. Não dá para acreditar no prazer que essas mulheres demonstram consumindo um iogurte sem gordura e com cem calorias. Sempre que vejo um comercial de iogurte, penso: *Meu Deus, eu quero ser feliz como essas pessoas, realmente quero.*

É uma mentira poderosa equacionar a magreza com a autoestima. Claramente, essa mentira é muito convincente, porque a indústria da perda de peso prospera. As mulheres continuam tentando se curvar ao desejo da sociedade. As mulheres continuam famintas. E eu também.

Em um dos inúmeros comerciais do Vigilantes do Peso, Jessica Simpson sorri radiante e diz: "Eu comecei a perder peso imediatamente. Comecei a sorrir imediatamente". Em outro comercial do Vigilantes do Peso, Jennifer

Hudson dá um gritinho falando de sua nova felicidade e como, através da perda de peso — sem mencionar que ganhou um Oscar — ela alcançou o sucesso. Esses são apenas dois dos muitos comerciais de perda de peso que equacionam a felicidade com a magreza e, pela lei do inverso, a obesidade com a infelicidade.

Valerie Bertinelli foi uma porta-voz da companhia Jenny Craig que orgulhosamente mostrou seu "novo corpo" em 2012. Embora ela tenha perdido 18 kg, depois recuperou parte desse peso. Por esse crime, sua penitência foi entrar para o circuito de programas de entrevistas, tentando lutar contra a humilhação da gordura. Ela voltaria, claro, para a academia quando sua turnê terminasse. Ela queria, segundo o noticiário da ABC, estar de volta à "forma digna de um biquíni" até o verão. Kirstie Alley também regressou ao rebanho de Jenny Craig mais ou menos na mesma época. "Sem um treinador para nos orientar no caminho, não acredito que alguém consiga se manter assim a longo prazo", disse Alley. O espetáculo público da luta contra o peso é um revés popular para as mulheres que já foram famosas e anseiam reaver sua antiga glória.

As mulheres, a quem se destinam esses comerciais de comidas dietéticas com o endosso de celebridades, podem, sim, ter tudo, contanto que comam os alimentos certos, sigam a dieta correta e paguem o preço justo.

Se desejo pela perda de peso é considerado uma característica intrínseca à mulher, o que isso diz sobre a nossa cultura?

Capítulo 37

Durante a maior parte da minha vida, Oprah Winfrey foi um ícone cultural que lutava publicamente com seu peso. Durante a maior parte da minha vida, também lutei com meu peso, porém, felizmente, fora da visão do público. Oprah perdeu peso e comemorou sua vitória. Ganhou peso e lamentou seu fracasso. Em 1998, quando seu programa estava no ápice da popularidade, ela perdeu mais de 30 kg com uma dieta de líquidos. Ela arrastou um carrinho vermelho, cheio de gordura animal, para o palco de seu programa. Estava resplandecente com os cabelos presos no alto, blusa preta de gola rulê, jeans justo, quando interpretou sua aversão diante do espetáculo de tal gordura, esforçando-se para tirar o saco do carrinho. Ela estava performando sua penitência pelo pecado de ter sido gorda.

Essa é a mulher que nos trouxe a ideia de vivermos o melhor de nossa vida, de nos tornarmos mais autênticas. E ainda assim. Em 2015, Winfrey comprou 10% das ações do Vigilantes do Peso, um investimento de 40 milhões de dólares. Num de seus inúmeros comerciais para a marca, ela diz: "Vamos fazer deste ano o ano de nosso melhor corpo". A implicação, claro, é que nosso corpo atual não é o melhor que pode ser, nem de longe. É chocante perceber que até Oprah, uma mulher com sessenta e poucos anos, uma bilionária e uma das mulheres mais famosas do mundo, não esteja feliz consigo mesma, com seu corpo. Essa é a dimensão corrosiva das mensagem culturais sobre nosso corpo indisciplinado — que mesmo ao envelhecermos, por mais materialmente bem-sucedidas que sejamos, não podemos estar satisfeitas ou felizes, a menos que também estejamos magras.

Há o comercial em que Oprah diz, radiante, que comeu pão todos os dias em 2016 e que o mundo continua a girar. Ou o comercial em que ela grita: "Adoro batata frita!". Há o comercial em que ela está cozinhando e cantarolando sobre a massa que vai comer. Pela graça do Vigilantes do Peso, ela pode controlar seu corpo e desfrutar de carboidratos. Há o comercial inspirador em que ela se gaba de ter perdido 18 kg, fazendo com que eu imagine que ela finalmente está vivendo o melhor momento de sua vida.

Há ainda outro comercial em que Oprah sinistramente diz: "Dentro de cada mulher acima do peso há uma mulher que ela sabe que pode ser". Esse é um conceito popular da ideia de que as gordas entre nós estão carregando uma mulher magra por dentro. Cada vez que vejo esse comercial, especificamente, penso: *Eu comi essa mulher magra e ela estava deliciosa, mas não me saciou*. E depois penso que maluquice é promover essa ideia de que nosso verdadeiro eu é uma mulher magra se escondendo em nosso corpo gordo, como impostora, usurpadora, ilegítima.

Nesse mesmo comercial, Oprah prossegue falando sobre como os problemas de peso nunca são apenas problemas de peso, que frequentemente tem mais coisa nessa história. Isso costuma ser verdade, porém a realização pessoal e a purificação de confrontar os próprios demônios não são o que Oprah está realmente vendendo. Ela está nos dizendo que nosso objetivo máximo é essa mulher interna (mais magra) que devemos buscar através da dieta. Nós teremos um corpo melhor, e o império dela continuará a crescer.

Capítulo 38

As revistas de fofoca nos mantêm sempre a par do que está acontecendo com o corpo de mulheres famosas, tudo para manter o restante de nós na linha. As flutuações de peso de mulheres famosas são rastreadas como o mercado de ações, porque o corpo delas representa, em sua área de trabalho, suas ações particulares, a personificação física do valor de mercado. Quando uma celebridade perde peso, ela é frequentemente taxada de estar "ostentando" seu novo corpo, que, na verdade, é o único corpo que ela sempre teve, porém, de um tamanho mais aceitável para os tabloides. Quando celebridades têm um bebê, o corpo delas é intensamente monitorado durante e depois — desde as barriguinhas salientes até o corpo pós-parto. Depois que uma celebridade tem um bebê, seu tamanho é assiduamente vigiado e documentado, até que ela volte a se assemelhar à mulher extraordinariamente magra que um dia conhecemos.

Corpos de celebridades proporcionam o padrão inalcançável que devemos nos esforçar para atingir de qualquer forma. A inspiração magra é o constante lembrete do que nosso corpo poderia ser com a disciplina apropriada.

As celebridades entendem a economia da magreza, e a maioria delas está disposta a participar dessa economia, aderindo às redes sociais, em que posam para selfies com as bochechas sugadas e se mostram ainda mais esqueléticas. Quanto menos espaço ocuparem, mais importância elas têm.

Capítulo 39

Existe uma taxonomia para o corpo humano indisciplinado, acima do peso, e essa taxonomia se torna ainda mais específica para o corpo indisciplinado de uma mulher. Como uma mulher gorda, me tornei intimamente familiar com essa taxonomia, pois esse é o vernáculo com o qual pessoas demais discutem meu corpo e suas partes.

Na cultura, de maneira geral, mulheres gordas podem ser muitas coisas entre pessoas educadas — MGB (mulher grande e bela) ou MMGB (mulher muito grande e bela). Ela pode ser arredondada, curvilínea, rechonchuda, cheinha, agradavelmente carnuda, roliça, "saudável", pesada, forte, vigorosa, robusta ou parruda. Entre pessoas mal-educadas, uma mulher gorda pode ser uma porca, porca gorda, vaca, vaca prenha, balofa, balão, banhuda, um poço de banha, dragão, baranga, baleia, elefante, jaburu e mais uma porção de nomes que não tenho ânimo para compartilhar.

Quando se trata de nossa vestimenta, temos tamanhos GG, moda *plus size* ou numeração extragrande.

Partes específicas do corpo, "regiões problemáticas", também ganham rótulos — bunda de geleia, pandeiro, padaria, pneus, queixo duplo, pança, gordurinhas, braços de biscoiteira, coxas gordas etc.

Esses termos — os clínicos, os informais, as gírias e os insultuosos — são todos destinados a lembrar pessoas gordas de que nosso corpo não é normal. Nosso corpo é tão problemático que possui designações específicas. É uma coisa horrível ter nosso corpo tão rudemente, publicamente dissecado, definido e difamado.

Capítulo 40

Parte de disciplinar o corpo é a negação. Nós queremos, mas não nos atrevemos a ter. Negamos certas comidas. Negamos nosso descanso ao nos exercitarmos. Nós nos negamos paz de espírito ao permanecermos sempre vigilantes quanto ao nosso corpo. Restringimo-nos até alcançarmos um objetivo e depois nos restringimos para manter aquele objetivo.

Meu corpo é terrivelmente indisciplinado e, no entanto, nego a mim mesma quase tudo que desejo. Eu me nego o direito de ter espaço quando estou em público, tentando me dobrar sobre mim mesma, tornar meu corpo invisível, embora, na verdade, ele seja imensamente visível. Eu me nego o direito de compartilhar um braço de cadeira, pois, como posso me atrever a impor? Eu me nego a entrar em alguns lugares que julgo inapropriados para um corpo como o meu — a maioria dos espaços habitados por outras pessoas, transporte público, qualquer lugar onde eu possa ser vista ou possa atrapalhar. Eu me nego cores vivas nas roupas que escolho para o dia a dia, mantendo um uniforme composto de jeans e camisetas escuras, embora tenha um guarda-roupa bem mais diversificado. Eu me nego determinadas armadilhas da feminilidade, como se não tivesse direito a tais expressões quando meu corpo não segue os ditames da sociedade em relação à aparência que um corpo de mulher deve ter. Eu me nego gestos gentis de afeição — tocar ou ser gentilmente tocada —, como se esse fosse um prazer que um corpo como o meu não merece. Na verdade, a punição é uma das poucas coisas que me permito. Eu me nego as minhas atrações. Eu as tenho, ora se tenho, mas não me atrevo a expressá-las, porque como posso me atrever a tê-las? Como posso me atrever a confessar meu desejo? Como me atrever a agir segundo esse desejo? Eu me nego muita coisa; no entanto, há muito desejo pulsante por baixo da minha superfície.

A negação apenas deixa o que queremos fora de alcance, mas ainda sabemos que o desejo está ali.

Numa visita a Los Angeles, minha melhor amiga e eu estávamos tomando vinho num quarto de hotel. Durante uma conversa calma e agradável, ela pegou minha mão para pintar a unha do polegar. Ela vinha ameaçando fazer isso havia horas e eu estava resistindo por motivos que não poderia articular. Finalmente, me rendi e minha mão estava macia sobre a dela, enquanto minha amiga cuidadosamente cobria a unha do meu polegar de um lindo tom de rosa. Ela soprou, deixou secar, acrescentou outra camada. A noite prosseguiu. No dia seguinte, sentada num avião, rumo ao outro lado do país, eu olhava minha unha. E não conseguia me lembrar da última vez que me permitira o simples prazer de ter uma unha pintada. Gostei de ver minha unha daquele jeito, particularmente porque ela estava comprida, bem moldada e eu não a havia roído, como tive vontade de fazer. Então, fiquei constrangida e virei o polegar para dentro da palma da mão fechada, como se devesse esconder meu polegar, como se eu não tivesse direito de me sentir bonita, de me sentir bem em relação a mim mesma, de me reconhecer como uma mulher quando claramente não estou seguindo as regras de ser uma mulher — ser pequena, ocupar menos espaço.

Antes de embarcar no avião, minha melhor amiga me ofereceu um saco de batata frita para comer no voo, mas rejeitei. Eu disse a ela: "Gente como eu não pode comer essas coisas em público", e essa foi uma das coisas mais verdadeiras que já falei. Somente a profundidade do nosso relacionamento me permitiu fazer essa revelação, e depois fiquei envergonhada por ser tão terrível em disciplinar meu corpo, e fiquei envergonhada pela forma como me nego tanta coisa e ainda não é o bastante.

Capítulo 41

Eu me odeio. Ou a sociedade diz que devo me odiar; então, suponho que pelo menos isso seja uma coisa que estou fazendo direito.

Ou talvez eu deva dizer: odeio meu corpo. Odeio minha fraqueza por ser tão incapaz de controlar meu corpo. Odeio como me sinto em meu corpo. Odeio como as pessoas encaram meu corpo, tratam meu corpo, comentam sobre meu corpo. Odeio equacionar minha autoestima com o estado do meu corpo e o quão difícil é superar essa equação. Odeio a dificuldade de aceitar minhas fragilidades. Odeio estar decepcionando tantas mulheres quando não consigo aceitar meu corpo, de qualquer tamanho.

Mas eu também gosto de mim, de minha personalidade, minha estranheza, meu senso de humor, meu jeito louco e profundamente romântico, o jeito como amo, como escrevo, minha bondade e minha veia cruel. Somente agora, aos quarenta e poucos anos, consigo admitir que gosto de mim, embora eu seja perturbada por uma desconfiança de que não deveria gostar. Por muito tempo me rendi ao ódio de mim mesma. Eu me recusava a me permitir o simples prazer de aceitar quem sou e como vivo, amo, penso e vejo o mundo. Mas, depois, fiquei mais velha e passei a ligar menos para o que as outras pessoas acham. Fiquei mais velha e percebi que estava exausta por toda a minha autoaversão, e que estava me odiando, em parte, por presumir que isso era o que as outras pessoas esperavam de mim, como se minha autoaversão fosse o preço que eu precisasse pagar por viver em um corpo com excesso de peso. Seria muito, muito mais fácil simplesmente tentar bloquear todo esse barulho e tentar me perdoar pelos erros que cometi no ensino médio, na faculdade e ao longo dos meus vinte e poucos anos, ter alguma empatia pelo motivo pelo qual cometi esses erros.

Eu não quero mudar quem sou. Quero mudar minha aparência. Nos meus dias bons, quando me sinto preparada para a luta, tenho vontade de mudar a forma como o mundo reage à minha aparência, porque sei, intelectualmente, que meu corpo não é o verdadeiro problema.

Em meus dias ruins, porém, eu me esqueço de como separar minha personalidade, a essência do meu ser, do meu corpo. Esqueço-me de me proteger das crueldades do mundo.

IV

Capítulo 42

Eu hesito em escrever sobre corpos gordos e, principalmente, meu corpo gordo. Sei que ao ser franca sobre meu corpo deixo algumas pessoas constrangidas. Isso também me deixa constrangida. Já fui acusada de ser cheia de autoaversão e de ser gordofóbica. Há verdade na primeira acusação, mas rejeito a segunda. No entanto, vivo num mundo onde o ódio explícito por pessoas gordas é vigorosamente tolerado e incentivado. Sou um produto do meu ambiente.

Muitas vezes, as pessoas que deixo constrangidas por serem gordas ao admitir que não gosto de ser gorda são o que gosto de chamar de gordas da Lane Bryant. Elas ainda podem comprar roupas em lojas como a Lane Bryant, que oferece até o tamanho 62. Pesam 70 ou 90 kg menos que eu. Conhecem alguns dos desafios de ser gordo, mas não conhecem os desafios de ser *muito* gordo.

Para ser clara, o movimento de aceitação à gordura é importante, certificador e profundamente necessário, mas eu também acredito que parte dessa aceitação à gordura é aceitar que alguns de nós temos dificuldades com a imagem física e não encontramos paz e uma autoaceitação incondicional.

Não sei onde me encaixo na comunidade de pessoas gordas. Tenho consciência do movimento Health at Every Size* e leio regularmente sobre

* Saúde em qualquer tamanho. (N. E.)

ele, assim como acompanho outras comunidades de aceitação de gordos. Admiro o trabalho que realizam, suas mensagens, acho esse trabalho um corretivo necessário para a postura tóxica de nossa cultura em relação ao corpo da mulher e aos corpos gordos. Quero ser abraçada por essas comunidades e sua positividade. Quero saber como eles fazem, como encontram paz e autoaceitação.

Também quero perder peso. Eu sei que não sou saudável desse tamanho (não porque sou gorda, mas porque tenho pressão alta, por exemplo). Mais importante: não estou feliz desse tamanho, embora não tenha a ilusão de que se amanhã acordasse magra, seria feliz e todos os meus problemas estariam resolvidos.

Levando tudo em conta, tenho uma boa autoestima. Quando estou com as pessoas certas, eu me sinto forte, poderosa e sexy. E não sou destemida como as pessoas imaginam que eu seja, mas, apesar de todos os meus temores, estou disposta a correr riscos e também gosto disso a meu respeito.

Detesto a maneira como as pessoas me tratam e me percebem. Detesto o jeito como sou extraordinariamente visível, mas invisível. Detesto não me encaixar em muitos lugares onde quero estar. Tenho programado em minha cabeça que se eu tivesse uma aparência diferente, isso mudaria. Intelectualmente, reconheço a falha na lógica, mas, emocionalmente, não é tão fácil fazer sentido.

Quero ter tudo o que preciso em meu corpo e ainda não tenho; mas terei, acho. Ou chegarei mais perto. Há dias em que me sinto mais corajosa. Há dias em que sinto que finalmente posso me despir dessa proteção que acumulei e ficar bem. Não sou jovem, mas sei que ainda não sou velha. Ainda tenho muita vida pela frente e, meu Deus, eu quero fazer algo diferente do que fiz nos últimos vinte anos. Quero me movimentar livremente. Quero ser livre.

Capítulo 43

Não sou nenhuma leiga em fazer dieta. Entendo que, para perder peso você geralmente precisa comer menos e se movimentar mais. Consigo ter êxito em fazer dieta durante meses seguidos. Restrinjo minhas calorias e controlo tudo o que como. Da primeira vez que fiz dieta, sob a supervisão dos meus pais, eu anotava tudo em diários de papel. Nesses tempos modernos, uso um aplicativo em meu celular. Reconheço que, apesar do que alguns comerciais de perda de peso querem que eu acredite, não posso comer toda e qualquer coisa que gostaria. E essa é uma das crueldades de nossa obsessão cultural com a perda de peso. Supostamente devemos restringir nossa alimentação enquanto nos deleitamos com a fantasia de que podemos, sim, nos deleitar. É enfurecedor. Quando você está tentando perder peso, não pode comer qualquer coisa que deseje. Na verdade, esse é todo o sentido da coisa. Comer tudo que se quer é provavelmente o que contribuiu para que você ganhasse peso. Fazer dieta exige privação, e é mais fácil quando todos enfrentam a verdade. Quando estou fazendo dieta, tento enfrentar essa verdade, mas não sou incrivelmente bem-sucedida.

Sempre há um momento, quando estou perdendo peso, em que me sinto melhor em meu corpo. Respiro com mais facilidade. Eu me movimento melhor. Sinto que estou ficando menor e mais forte. Minha roupa cai em meu corpo como deve, depois vai ficando larga. Fico aterrorizada. Começo a me preocupar com meu corpo ficando mais vulnerável à medida que vai diminuindo. Começo a imaginar todas as maneiras como posso ser machucada. Lembro-me de todas as maneiras como fui machucada.

Também sinto o gosto da esperança. Saboreio a ideia de ter mais escolhas quando vou comprar roupa. Saboreio a ideia de caber em cadeiras de restaurantes, cinemas, salas de espera. Saboreio a ideia de entrar numa sala lotada ou caminhar por um shopping sem que fiquem me encarando, me apontando, comentando. Saboreio a ideia de fazer compras no mercado sem que estranhos tirem do meu carrinho coisas que reprovam ou me ofereçam consultoria não solicitada sobre nutrição. Saboreio a ideia de ser livre das realidades de viver em um corpo acima do peso. Saboreio a ideia de ser livre.

Então fico com medo de estar me precipitando. Fico preocupada com não conseguir manter uma alimentação melhor, fazer mais exercícios, me cuidar. Inevitavelmente, eu tropeço e caio, e então perco o gosto de ser livre. Perco o gosto da esperança. E acabo me sentindo mal, como uma fracassada. Fico profundamente faminta, então tento satisfazer minha fome e passo a desfazer todo o progresso que eu já tinha feito. E aí fico ainda mais faminta.

Capítulo 44

Eu começo cada dia com a melhor das intenções de viver uma vida melhor, mais saudável. A cada manhã, acordo e tenho alguns minutos em que sou livre do meu corpo e dos meus fracassos. Durante esses momentos, penso: *Hoje farei boas escolhas. Vou me exercitar. Vou comer em pequenas porções. Vou subir de escada, quando for possível.* Antes que o dia comece, estou inteiramente preparada para encarar o problema do meu corpo, para ser melhor do que já fui. Mas depois saio da cama. Geralmente, eu me apronto correndo para começar o dia, porque não sou uma pessoa matinal e aperto o botão de soneca do meu despertador várias vezes. Não tomo café da manhã porque não estou com fome ou porque não tenho tempo, ou porque não tem comida em casa — tudo desculpa para não estar disposta a me cuidar apropriadamente. Às vezes almoço — um sanduíche do Subway ou do Jimmy John's. Ou dois sanduíches. E batata frita. E um ou três cookies. E está tudo bem, digo a mim mesma, porque fiquei o dia inteiro sem comer. Ou espero até o jantar e então o dia quase terminou, e posso comer o que quiser, digo a mim mesma, porque fiquei o dia inteiro sem comer.

À noite, tenho que encarar a mim mesma e a todas as maneiras como fracassei. Na maioria dos dias, eu não fiz exercícios. Não fiz nenhuma das boas escolhas que pretendia fazer quando o dia começou. O que acontece depois não importa, então, vou à forra e como tudo o que quiser. Quando pego no sono, meu estômago está revirando, os ácidos começam a me dar azia, eu penso no dia seguinte. *Amanhã farei boas escolhas*, penso. Estou sempre me atendo à esperança do amanhã.

Capítulo 45

Eu sempre tento criar metas para mim mesma que vão além da esperança do que quero alcançar para o meu corpo em determinado momento. Vou perder X quilos até ir para casa no Dia de Ação de Graças ou no Natal, ou antes de ir para a Austrália, ou antes de ver a pessoa que amo. Vou perder X quilos antes de sair em turnê com o livro. Vou perder X quilos antes do começo do próximo semestre. Vou perder X quilos antes de ir ao show da Beyoncé. Crio essas metas e faço tentativas meio desanimadas de cumpri-las, mas nunca cumpro, então entro num ciclo de me sentir um fracasso por não conseguir ser melhor, não conseguir ser menor.

Eu reservo as minhas mais elaboradas desilusões e decepções para mim mesma.

CAPÍTULO 46

MEU DESPREZO POR ESPORTES E, agora, por exercícios, permanece puro e constante. Sinto que é uma perda de tempo ficar de um lado para o outro, suando, torcendo para que algo bom surja daquele esforço. Certamente, há momentos depois de um treino em que me sinto muito revigorada, poderosa e saudável. Mas é muito fácil esquecer esses momentos quando preciso me trocar, vestir a roupa dos treinos e ir para a academia ou dar uma caminhada, ou fazer qualquer coisa que movimente meu corpo.

Geralmente odeio exercícios, todos eles, então, sinto-me péssima por ser preguiçosa, desmotivada, profundamente indisciplinada com cuidados pessoais; porque, intelectualmente, sei que exercícios são bons para mim. Minha raiva de me exercitar é lamentável porque exercícios são necessários para o corpo humano. São um componente-chave na perda de peso e na boa saúde. Eu conheço essa matemática.

Para manter o peso, você precisa ingerir onze calorias para cada meio quilo do seu peso. Para perder meio quilo de gordura, você tem que queimar 3.500 calorias. Se você é uma mulher de 68 kg, trinta minutos de exercícios aeróbicos queimam cerca de 220 calorias. Trinta minutos de treino elíptico queimam cerca de 280 calorias. Uma corrida em ritmo acelerado queima 120 calorias a cada 1,5 km. Uma caminhada rápida queima cem calorias para 1,5 km. Eu deveria me sentir melhor pelo fato de que, no meu tamanho, queimo muito mais calorias do que uma mulher de 68 kg, mas não me sinto.

Num canto do meu quarto há uma bicicleta ociosa. Quando estou me sentindo particularmente motivada a perder peso, subo na bicicleta e pedalo uma hora por dia. É um bom momento para transpirar e atualizar minhas leituras. Tenho alguns pesos de mão que levanto, quando me lembro de fazê-lo. Tenho uma bola inflável grande, sobre a qual eu me sento e faço abdominais, agachamentos e coisas do gênero. Não sofro de ignorância no que diz respeito a exercícios. Eu sofro de inércia.

Ao longo dos anos, me matriculei em incontáveis academias. Treinei com *personal trainers*, embora estivesse relutante, já que detesto que me digam o que fazer, e essa raiva se multiplica quando quem me diz o que fazer é magro e absurdamente em forma e geralmente lindo, além de estar me cobrando um bocado de dinheiro por hora.

Sou membro da Planet Fitness, embora nunca tenha visitado a filial local. Basicamente, eu doo 19,99 dólares por mês para sua existência corporativa e pela *ideia* de que posso entrar em qualquer Planet Fitness, em qualquer lugar do país, se me der vontade de me exercitar.

Treinei com *personal trainers* de forma intermitente durante os anos, reconhecendo que, talvez, o apoio de um profissional pudesse me ajudar a melhorar meu condicionamento físico. Atualmente, meu treinador é um rapaz jovem, nascido em Indiana, que se chama Tijay. Ele é baixo e compacto e tem um corpo inacreditável. Toda sua vida é fitness. Ele literalmente reluz juventude, saúde e o entusiasmo vigoroso de ter o mundo como seu quintal. É um grande defensor de peito de frango como fonte de proteína e mostarda como condimento, pois ela não tem gordura e tem poucas calorias. Nem uma aula passa sem que Tijay mencione algum aspecto de sua dieta que me deixa muito triste por ele e seu paladar. Fico receosa de que ele não conheça temperos ou sabor, ou nada que torne a comida deliciosa.

Tijay nunca parece saber o que fazer comigo, porque não sou radiante e não sou jovem, nem alegre. Passa minhas séries sempre me incentivando. Ele não é um pesadelo de treinador, querendo arrasar minha alma. É realmente afável e dedicado, e imagino que eu seja seu fardo. Sou seu projeto. Ele é muito alegre. Realmente acredita nos benefícios de um "estilo de vida saudável". Ele faz tudo parecer tão fácil enquanto estou resfolegando, suando e sentindo dor. Tenho vontade de assassinar esse homem quando treinamos.

Geralmente fico apavorada, com medo de cair dura a qualquer momento, com o coração disparado, enquanto me esforço para recuperar o fôlego. Às vezes, quando ele me pede para fazer alguma coisa que parece muito além das capacidades do meu corpo imenso, quero gritar: "Você não está vendo que eu sou gorda?". Uma vez, fiz exatamente essa pergunta, e ele disse, calmamente: "É por isso que estamos aqui", e eu caminhei até minha garrafa de água, que estava perto, bebi bastante e murmurei baixinho: "Vai se foder".

Na verdade, xingo-o com frequência e ele nem liga. A cada aula, ele acrescenta ou intensifica um exercício que já tínhamos feito. A cada aula, sigo cambaleante até meu carro, com as pernas tremendo, e fico imaginando como vou encontrar forças para voltar. Sento em meu carro, às vezes por até dez minutos, encharcada de suor, bebendo água. Eu tiro selfies e posto no Snapchat, com palavras zangadas sobre o quanto detesto me exercitar, e quando compartilho essas selfies no Twitter, as pessoas dão incentivos e conselhos, embora eu não esteja em busca de nenhum dos dois. Só estou compartilhando meu sofrimento. Estou em busca de compaixão.

Quando vou à academia sozinha, sempre sinto que todos os olhos estão sobre mim. Tento escolher os horários em que não tem tanta gente; em parte para me proteger, em parte pela minha autoaversão. Na academia, meu constrangimento aumenta. Algo acontece quando estou usando meu corpo ativamente que faz com que eu me sinta vulnerável. E há também, claro, a insegurança, a sensação recorrente de que eu nem deveria me dar ao trabalho, de que meu lugar não é na academia, de que qualquer tentativa de obter um condicionamento físico é patética e delirante.

Sei usar a maior parte do equipamento, mas sempre fico nervosa quando estou programando a esteira, ou uma bicicleta ergométrica, porque sinto que aquele equipamento não é destinado a pessoas como eu. Detesto como as outras pessoas me olham, a pessoa gorda se exercitando, e dão incentivos não solicitados, como "Bom para você", ou "Continue assim", ou "Manda ver, garota". Eu não quero incentivo. Não estou interessada nas opiniões de ninguém sobre a minha presença na academia. Não preciso da afirmação de estranhos. Essas afirmações raramente têm a ver com um incentivo sincero ou com gentileza. Elas são uma expressão do medo de corpos indisciplinados. São uma tentativa mal direcionada de recompensar o comportamento de "uma boa pessoa gorda" que, segundo eles acham, está tentando perder peso, em vez de simplesmente se engajar num comportamento saudável.

Quando estou na academia, quero ficar em paz, na minha infelicidade suarenta. Quero desaparecer até que meu corpo não seja mais um espetáculo. Mas não posso desaparecer; então, ou tenho que ser graciosa, mediante essa conversa não solicitada, ou tenho que ignorar, porque se eu me permitir perder o controle, vou extravasar muita raiva.

Capítulo 47

Uma vez, há muitos anos, fui à academia, e as seis bicicletas, meu equipamento favorito, estavam ocupadas por mulheres deslumbrantes e extraordinariamente magras, quase todas louras, que chegaram e se apossaram dos aparelhos pouco antes de mim. Olhei em volta, imaginando se um filme estaria sendo rodado ali, ou se era hora da malhação do clube universitário feminino. Eu não conseguia deduzir o motivo exato para que aquelas jovens estivessem na academia bem na hora que eu escolhera para me exercitar, mas estava claro que elas estavam treinando juntas. Fiquei bastante irritada e claramente com raiva, como sempre fico quando vejo gente magra demais na academia. Não importa que elas sejam magras porque estão ali. Eu me sinto como se estivessem debochando de mim, com seu corpo perfeito e malhado. Elas estão ostentando suas bênçãos físicas e sua disciplina.

Existe certa presunção no modo como usam o equipamento, programando os computadores para os níveis mais difíceis. Suas expressões dizem: "Isso nem me incomoda", e o corpo delas reluz com uma leve camada de transpiração, em vez de suor jorrando pelo esforço absurdo. Elas usam suas roupinhas bonitinhas — shorts tão curtos que o tecido é mais uma sugestão do que de fato uma peça de roupa, e tops cavados, com ombros à mostra, desenhados para revelar o máximo possível de seu corpo perfeito. Elas sabem que treinam duro e são bonitas, e querem que todo mundo também saiba. Naquele dia, fui obrigada a usar a bicicleta que eu mais detesto — a que fica bem perto da entrada da sala de cardio/pesos; então, meu suor, minhas bufadas e meus tiques ocasionais ficariam bem à vista de cada pessoa que entrasse e passasse pelas portas adjacentes. Eu me acomodei, programei a máquina para sessenta minutos, sabendo que pararia aos quarenta, mas deixando uma margem para avançar, se não morresse até lá. Dei uma olhada na garota ao meu lado. Ela estava na bicicleta havia cerca de dois minutos. Quando os quarenta minutos passaram, minhas pernas estavam queimando terrivelmente. Olhei para minha vizinha e ela olhou de volta para mim. Ela tinha ficado de olho em mim o tempo todo, só imaginando quanto tempo eu aguentaria.

Depois de 45 minutos, encarei novamente minha vizinha/provação e vi um lampejo em seus olhos. Eu sabia o que estava acontecendo. Ela estava me desafiando. Estava dizendo que não importava o tempo que eu aguentasse, ela aguentaria mais tempo. Ela não seria derrotada por uma baleia. Aos cinquenta minutos, eu estava certa de que um ataque cardíaco era iminente. Eu estava tonta, fraca, com as pernas tremendo, mas era preferível a morte a perder para aquela metidinha, aquela vaca. Aos 53 minutos, ela me lançou um olhar fulminante, se inclinou para a frente e segurou o guidom da bicicleta. Eu aumentei o volume da minha música e comecei a balançar a cabeça, seguindo o ritmo. Aos 54 minutos, ela gemeu e tentou ver qual era a minha. Finalmente, ela parou e eu a ouvi dizer: "Não acredito que ela ainda está ali". Suas amigas assentiram, concordando. Aos sessenta minutos, calmamente parei de pedalar, desgrudei a camiseta da pele, limpei a bicicleta e saí lentamente da sala, porque minhas pernas estavam moles e fracas demais. Eu estava tentando demonstrar equilíbrio e força. Eu sabia que *ela* estava olhando. Fiquei convencida e temporariamente triunfante. Então, entrei no banheiro e vomitei, ignorando o gosto amargo em minha garganta ao abraçar uma vitória vazia.

Capítulo 48

Tenho muitos amigos atléticos e, por ser ativa nas redes sociais, sempre os vejo postando fotos de suas façanhas físicas. Eles usam shorts e camisetas da Under Armour, moldadas a seu corpo incrivelmente bem condicionado; seus cabelos, molhados de suor, estão colados no rosto. Triunfantes, seguram placas com números de corrida no ar. Orgulhosamente ostentam medalhas de conclusão de corridas de 5 km, 10 km, meias maratonas e maratonas inteiras e, às vezes, corridas ainda mais absurdas, como a Tough Mudders, triatlos e ultramaratonas. Usam aplicativos que postam o progresso atlético no Facebook e no Twitter: "Corri dez quilômetros", "Pedalei quarenta quilômetros". Ou eles mesmos postam uma pequena atualização: "Acabei de escalar uma montanha e desfrutei de um piquenique no cume". As fotografias que acompanham essas atualizações revelam gente radiante de saúde e vigor.

Eles estão, com razão, orgulhosos do que fizeram com seu corpo; mas quando estou mais mesquinha, o que acontece com frequência, parece que eles têm uma satisfação maligna. Ou, se eu for honesta, eles estão se gabando de algo que eu talvez nunca conheça, aquele tipo de satisfação pessoal com uma realização provida pelo meu corpo. Fico com raiva quando vejo essas postagens, porque essas pessoas estão fazendo coisas que eu não posso fazer. Estão fazendo coisas que eu espero — que quero muito — algum dia poder fazer, mesmo que só teoricamente, mesmo que eu não faça, já que não sou muito interessada em esportes, nem em atividades ao ar livre. Não estou com raiva. Estou com inveja. Estou babando de inveja. Eu quero fazer parte do mundo ativo. Quero muito, muito mesmo. Há muitas coisas que tenho fome de fazer.

Capítulo 49

Sou insegura além da conta. Estou profunda e constantemente preocupada com meu corpo no mundo, porque sei o que as pessoas pensam e o que elas veem quando olham para mim. Sei que estou infringindo regras inauditas sobre qual aparência uma mulher deve ter.

Tenho consciência de quanto espaço ocupo. Como mulher, como uma mulher gorda, eu não deveria ocupar espaço. E, no entanto, como feminista, sou encorajada a acreditar que *posso* ocupar espaço. Vivo num espaço contraditório, devo tentar ocupar espaço, mas não muito, e não da forma errada, a forma errada sendo qualquer forma que diga respeito a meu corpo. Sempre que estou perto de outras pessoas, tento me encolher para que meu corpo não perturbe o espaço dos outros. Levo isso a extremos. Passo voos de cinco horas grudada à janela, com o braço dentro do cinto de segurança, como se estivesse tentando criar espaço vago onde há presença excessiva. Caminho na beirada das calçadas. Dentro de prédios, sigo grudada nas paredes. Tento andar o mais rápido possível quando sinto que há alguém atrás de mim, para não ficar atrapalhando, como se eu tivesse menos direito de estar no mundo do que qualquer outra pessoa.

Tenho consciência de como ocupo espaço e me ressinto por ser assim; então, quando as pessoas à minha volta não percebem que estão tomando espaço, sinto pura ira. Fico espumando de inveja. Detesto que elas não precisem pensar que estão tomando espaço. Que possam caminhar em qualquer velocidade que desejem. Seus membros podem se esparramar sobre os braços das poltronas. Elas podem se espalhar, se espreguiçar e sacudir os ombros, onde quer que estejam. Odeio que não precisem ter dúvidas ou pensar duas vezes quanto ao espaço que ocupam. A tranquilidade com que ocupam o espaço parece odiosa e pessoal.

Talvez eu seja obcecada por mim mesma além da conta. Não importa onde eu esteja, fico imaginando o lugar em que estou ou como está minha aparência. Penso: *Sou a pessoa mais gorda neste apartamento. Sou a pessoa mais gorda nesta sala de aula. Sou a pessoa mais gorda nesta universidade. Sou a pessoa mais gorda neste cinema. Sou a pessoa mais gorda neste avião. Sou a pessoa mais gorda neste aeroporto. Sou a pessoa mais gorda nesta estrada interestadual. Sou a pessoa mais gorda nesta cidade. Sou a pessoa mais gorda neste evento. Sou a pessoa mais gorda nesta conferência. Sou a pessoa mais gorda neste restaurante. Sou a pessoa mais gorda neste shopping. Sou a pessoa mais gorda nesta palestra. Sou a pessoa mais gorda neste cassino.*

Eu sou a pessoa mais gorda.

Esse é um refrão constante e destrutivo do qual não consigo escapar.

Capítulo 50

Tenho pavor de outras pessoas. Tenho pavor da maneira como elas tendem a me olhar, encarar, falar de mim ou de quando me dizem coisas cruéis. Fico apavorada com as crianças, sua inocência e honestidade brutal, sua disposição para me olharem boquiabertas, falando alto sobre mim, perguntando aos pais e, às vezes, me perguntando: "Por que você é tão grande?". Fico aterrorizada pela pausa desconcertante que os pais dessas crianças fazem ao tentar responder apropriadamente.

Não tenho resposta para essa pergunta, ou tenho, mas simplesmente não há tempo suficiente, nem graça no mundo para oferecer essa resposta.

E então morro de medo de outras pessoas. Ouço os comentários rudes e sussurrados. Vejo o modo como me encaram, as risadas, o deboche. Vejo o tênue véu de aversão ou até mesmo aversão exposta. Finjo que não vejo. Sempre que posso, simplesmente os ignoro para que possa viver e respirar com algo semelhante à paz. A lista de baboseiras com que tenho de lidar em virtude do meu corpo é longa e entediante, e eu, sinceramente, estou cansada disso. Esse é o mundo em que vivemos. As aparências importam e nós podemos dizer: "Mas, mas, mas...". Mas, não. As aparências importam. Corpos importam.

Eu poderia facilmente me tornar reclusa, me esconder da crueldade do mundo. Na maior parte dos dias, preciso de toda minha força e uma coragem nada pequena para me vestir e sair de casa. Se não tenho que lecionar ou viajar a trabalho, passo a maior parte do meu tempo me convencendo a não sair de casa. Eu posso pedir algo para comer. Posso me virar com o que tenho em casa. *Amanhã*, prometo a mim mesma. *Amanhã enfrentarei o mundo*. Se já for perto do fim de semana, há vários amanhãs até segunda. Há vários amanhãs em que poderei mentir para mim mesma, em que poderei ter esperanças de construir defesas mais fortes para enfrentar o mundo que me encara com tanta crueldade.

Capítulo 51

Tenho dois guarda-roupas. Um, com as roupas que uso diariamente, é composto por jeans escuros, camisetas pretas e camisas sociais para ocasiões especiais. Essas roupas encobrem minha covardia. São roupas dentro das quais me sinto segura. Essa é a armadura que uso para enfrentar o mundo e, garanto, uma armadura é necessária. Digo a mim mesma que tudo de que preciso é essa armadura. Quando uso meu uniforme típico, sinto uma espécie de segurança, como se eu pudesse me esconder mesmo estando totalmente à vista. Não me sinto tanto como um alvo. Estou ocupando espaço, mas de maneira despretensiosa; portanto, sou um problema menor, menos perturbador. Isso é o que digo a mim mesma.

Meu outro guarda-roupa, o que domina a maior parte do meu closet, é cheio de roupas que eu não tenho coragem de usar.

Não sou a pessoa corajosa que os outros acreditam que eu seja. Como escritora, armada com palavras, posso fazer qualquer coisa, mas quando tenho que levar meu corpo ao mundo, me falta coragem.

Eu sou gorda. Tenho 1,90 metro de altura. Ocupo espaço de quase todas as maneiras possíveis. Eu me destaco quando minha natureza é querer desaparecer.

Mas adoro moda. Adoro a ideia de usar cores, blusas com cortes e formas interessantes, algo decotado. Tenho inúmeras calças pretas sociais e gosto de olhar para elas em meu closet, tão elegantes e profissionais, nada parecidas comigo. Sonho em vestir uma saia longa ou um vestido maxi com listras vivas, ousadas. Fico sem fôlego só de pensar em vestir algo sem mangas, expondo meus braços marrons. Uma vaidade voraz arde em meu peito. Quero ter uma boa aparência. Quero me sentir bem. Quero ser bonita nesse corpo que habito.

A história da minha vida é sobre querer, estar faminta por aquilo que não tenho ou, talvez, querer o que não me permito possuir.

Em muitas manhãs, na maioria delas, encaro as roupas em meu closet tentando decidir o que vestir naquele dia. Na verdade, isso faz parte de uma performance elaborada e exaustiva que termina sempre do mesmo jeito. Mas eu tenho minhas ilusões e as alimento com uma frequência e um vigor alarmantes. Experimento vários trajes e fico maravilhada com todas as lindas roupas que tenho. Se estou me sentindo particularmente valente, dou uma olhada no espelho. É sempre surpreendente me ver sem minha roupa habitual, ver como meu corpo fica coberto de cor ou de algo que não seja jeans e algodão.

Às vezes, escolho uma roupa e saio do meu quarto. É um momento comum, mas não para mim. Decido: *Hoje, eu sou uma profissional e vou me vestir de acordo com esse papel*. Preparo o café da manhã ou arrumo minhas coisas para ir para o trabalho. Sinto-me estranha e desconcertada. Em questão de instantes, começo a sentir que aquelas roupas desconhecidas estão me estrangulando. Vejo e sinto todos os papos e curvas saltando de maneira nada lisonjeira. Minha garganta fecha. Não consigo respirar. A roupa encolhe. As mangas parecem torniquetes. As calças parecem grilhões. Começo a entrar em pânico e, antes que eu perceba, estou arrancando as belas roupas coloridas porque não mereço usá-las.

Quando visto novamente meu uniforme, aquele manto de segurança regressa, posso respirar de novo. Então, começo a me odiar pelo meu corpo indisciplinado que pareço incapaz de disciplinar e pela minha covardia diante do que os outros podem pensar.

Capítulo 52

Às vezes, as pessoas tentam me dar conselhos de moda. Dizem que tem muita coisa por aí para garotas grandes. Mas elas estão pensando num tipo bem específico de garota grande. Há muito pouco por aí para uma mulher tão grande quanto eu.

Comprar roupa é um calvário. É uma das muitas humilhações que as pessoas gordas suportam. Odeio sair para comprar roupa e faz anos que odeio, pois sei que não vou encontrar nada que eu de fato vá querer vestir. Ouvimos as estatísticas sobre como a obesidade é um grande problema nos Estados Unidos e, no entanto, há um mero punhado de lojas onde pessoas gordas podem comprar roupa. Na maioria dessas lojas, as roupas são horrendas.

Basicamente, podemos ir a lojas como Lane Bryant, The Avenue, Catherines. Outras — Maurices, Old Navy e várias lojas de departamentos — oferecem uma pequena variedade de roupas *plus size*. Há fornecedores on-line de roupas *plus size*, mas os produtos parecem aleatórios. E também tem o fato de que a maioria das lojas não tem nada a oferecer a uma pessoa obesa supermórbida. Os tamanhos da Lane Bryant geralmente vão até o 62, e o mesmo acontece na maioria das outras lojas. A The Avenue, mais generosamente, oferece roupas que vão até o tamanho 66. Se você for maior que isso, e eu sou maior que isso, há bem poucas opções. Estar na moda não é uma delas.

Também existe a opção de usar roupas masculinas e, às vezes, eu uso. Homens têm mais algumas opções nesses tamanhos maiores que costumam ser encontrados em lojas de departamentos. Ainda assim, há relativamente poucas ofertas e, nos últimos anos, elas estão todas consolidadas sob a categoria Masculino/Informal, GG.

Quando eu tinha vinte e poucos anos, preferia roupas masculinas porque podia esconder minha feminilidade e me sentir mais segura. Mas as roupas masculinas geralmente não caem bem. Elas não são desenhadas ou elaboradas para acomodar seios e curvas e quadris. Não são desenhadas para fazer com que uma garota se sinta bonita.

Com tão poucas opções de vestuário disponíveis para mim, fico cheia de anseios. Há tanta coisa que não tenho a chance de fazer. Não há diversão em ir ao shopping. Não tenho como compartilhar roupas com amigas. Não posso ganhar roupas de presente da pessoa que namoro. Folheio as revistas de moda e cobiço o que vejo, sabendo que toda aquela beleza está, por enquanto, fora do meu alcance. Esses são desejos triviais, mas ao mesmo tempo não são.

Nas grandes cidades que frequento, como Nova York e Los Angeles, me torno cada vez mais consciente da minha falta de estilo à medida que gente impecavelmente vestida me cerca, usando os tipos de roupas que adoraria vestir, se ao menos...

Raramente me sinto atraente, sexy ou bem-vestida. Mal conheço a sensação de usar algo que realmente quero ou gosto. Se encontro alguma coisa que me sirva, eu compro, porque tem muito pouco que me serve. Não gosto de estampas. Não gosto de bordados. Estilistas de roupas de mulheres gordas nunca foram informados disso.

Sinto raiva pelo fato de que a indústria da moda está completamente de má vontade em desenhar para um leque mais abrangente de corpos humanos.

Durante minha adolescência e até o início da vida adulta, sempre ia comprar roupas com minha mãe e via seu desânimo com os locais onde eu era obrigada a fazer compras. Dava para ver que ela gostaria de ter uma filha com um corpo diferente. Dava para ver sua humilhação e frustração. Às vezes, ela me dizia: "Espero que essa seja a última vez que tenhamos de fazer compras aqui", e eu murmurava em concordância. Eu alimentava a mesma esperança. E também sabia que não seria a última vez. Eu sentia tanta frustração e raiva pelas palavras dela, por sua decepção comigo, por minha incapacidade de ser uma boa filha, por mais uma coisa que eu não podia ter — o simples prazer de me divertir fazendo compras com minha mãe.

Alguns anos atrás, eu estava numa loja de roupas, sozinha. Queria encontrar algumas coisas bonitas para vestir. Queria ficar bonita para alguém que me ama exatamente como sou, que faz com que eu me importe com a minha aparência e que me ensinou a me cuidar de muitas maneiras, tanto grandes quanto pequenas. Querer ficar bonita para alguém era algo novo, e eu gostei daquilo.

Estava numa loja em busca de camisas bonitinhas, coloridas, quando uma jovem saiu do provador chorando. Os detalhes não são meus para dividir, mas ela estava muito aborrecida, e sua mãe a estava tratando de um jeito bem humilhante, e aquilo me deu vontade de cair em prantos no meio da loja, porque foi simplesmente demais assistir a uma cena tão familiar e dolorosa. Filhas gordas e suas mães magras têm relacionamentos especialmente complicados.

Eu já fui aquela menina, grande demais para as roupas da loja, simplesmente tentando achar algo, qualquer coisa que servisse, enquanto também lidava com os comentários de outra pessoa que tem boa intenção, mas não consegue deixar de fazer críticas insensíveis. Ser aquela garota da loja de roupas é ser a garota mais solitária do mundo.

Não sou de abraçar, mas tive vontade de envolver os braços em torno daquela menina. Eu queria protegê-la desse mundo que é tão incrivelmente cruel com gente acima do peso. Não havia nada que eu pudesse de fato fazer, porque conheço esse mundo. Também vivo nele. Não há abrigo, segurança ou escapatória dos olhares e comentários cruéis, dos bancos pequenos demais, de tudo pequeno demais para nosso corpo grande demais.

Mas eu a segui até o provador e disse que ela era bonita. E ela era bonita mesmo. Ela assentiu, com as lágrimas escorrendo pelo rosto. Nós duas prosseguimos com nossas compras. Minha vontade era quebrar a cara da mãe dela. Eu queria ligar para a pessoa que amo e ouvir uma voz gentil. Queria algo para me tirar daquela espiral de autoaversão na qual estava tropeçando. Eu queria botar fogo na loja. Eu queria gritar.

Quando a jovem deixou a loja com a mãe, ela ainda estava chorando. Não consigo esquecer seu rosto, aquela expressão em seus olhos, que eu conheço tão bem, como ela estava tentando se encolher num corpo que era tão visível. Ela estava tentando desaparecer e não conseguia. É insuportável querer algo tão pequeno e precisar tanto.

Capítulo 53

Nunca me imaginei como o tipo de pessoa que faria uma tatuagem. Tatuagens certamente eram malvistas em minha família, como uma marca de criminalidade, na melhor das hipóteses. Mas no depois, eu não era uma boa garota e não precisava seguir as regras da forma como as conhecia. Meus pais, eu sabia, teriam um ataque, porque ainda se atinham à ideia de quem pensavam que eu fosse. Mas o fato de fazer uma tatuagem não tinha a ver com eles. Tinha a ver com algo que eu queria, algo que escolhi para o meu corpo.

Então, fiz a minha primeira tatuagem aos dezenove anos. Comecei com uma mulher alada. O artista disse que a tatuagem iria doer enquanto limpava meu braço com álcool e passava um barbeador de plástico para tirar os pelos de sua tela de carne. Esperei pela dor, mas não senti nada. Fiquei sentada, quietinha, observando a tinta penetrar em minha pele. Quando olho para os arcos de tinta, mais de vinte anos depois, ainda vejo a mulher alada, a mulher que pode fugir de qualquer coisa que quiser, até de seu corpo.

Fiz minha tatuagem seguinte pouco tempo depois, um desenho tribal, preto e vermelho, logo abaixo da primeira tatuagem, no meu antebraço esquerdo. Eu gostaria de dizer que pensei cuidadosamente sobre as minhas tatuagens, mas não foi o caso. Só queria ter controle sobre (as marcas feitas em) meu corpo.

Reconheço a tensão inerente entre fazer as tatuagens ao mesmo tempo em que queria ser invisível. As pessoas reparam em tatuagens. Minhas tatuagens frequentemente viram tópico de conversa. As pessoas me perguntam o significado delas, e não tenho boas respostas. Ou, melhor, não tenho o tipo de resposta que elas querem ouvir: convenientes, simples.

Minhas primeiras tatuagens foram pequenas, tímidas. A cada nova que surgia, a tinta ia ficando maior, se espalhava numa extensão maior da minha pele. Adoro o ato de fazer uma tatuagem. Não tanto pelo desenho quanto pela experiência de ser marcada. Adoro observar o artista preparando o espaço de trabalho, a tinta, as agulhas, o barbeador.

Sobre minhas tatuagens, posso dizer: são escolhas que faço para o meu corpo, com um consentimento vigoroso. É assim que me marco. É assim que tomo meu corpo de volta.

Quando eu estava em Lake Tahoe, em 2014, lecionando num breve programa de mestrado, fiz uma nova tatuagem, minha primeira depois de anos. Antes de fazer essa tatuagem, eu estava sentada junto a uma fogueira perto do lago, com os escritores Colum McCann, Josh Weil e Randa Jarrar. Não estou tentando impressionar. Essas pessoas simplesmente estavam lá porque todos nós estávamos lecionando no mesmo programa. Colum me perguntou: "Então, por que as tatuagens?", com seu sotaque meio arrastado e os olhos vibrantes. Essa é uma pergunta que me fazem sempre. É meio invasiva, mas você faz um convite a essa invasão quando se marca abertamente com tinta escura. As pessoas querem saber o motivo. Nós queremos transgredir limites. Eu me incluo nisso. Acho que não podemos evitar. Contei ao Colum uma versão da verdade de por que marco meu corpo dessa forma, algo sobre o que significa ter ao menos alguma medida de controle sobre a minha pele.

Hoje, na meia-idade, eu faria as coisas de forma diferente, se tivesse de fazer tudo outra vez, mas ainda teria tatuagens.

Volta e meia, tenho vontade de fazer uma nova tatuagem. Surge o ímpeto de me sentir conectada ao meu corpo de uma forma que raramente tenho permissão. Tenho o ímpeto de ser tocada daquele jeito específico, o artista segurando alguma parte do meu corpo, as mãos forradas de látex enquanto ele usa a ferramenta, a arma, na verdade, forçando uma série de agulhas em minha pele repetidamente, a carne maleável ficando cada vez mais sensível.

Há determinado grau de submissão ao se receber uma tatuagem, então é claro que gosto muito dessa rendição controlada. Adoro a submissão de deixar meu corpo nas mãos desse estranho durante horas. Adoro a dor que não é penosa, mas incrível, enfurecidamente persistente, acompanhada por um gemido interminável da pistola de tatuar me marcando para sempre. O cara que me tatuou em Tahoe estava muito empenhado na afirmação de seu domínio. Ele deixou claro que era um macho alfa. Enquanto trabalhava em mim, ele literalmente disse: "Eu sou um macho alfa", e eu precisei de todo o meu autocontrole para não revirar os olhos.

Durante uma tatuagem, a dor é constante e às vezes se prolonga por horas, mas não é necessariamente assimilada da mesma maneira como costuma ocorrer. Não sou confiável em relação a isso. Não assimilo a dor como a maioria das pessoas, o que significa que a minha tolerância é alta. Provavelmente, alta demais. Mas a dor de uma tatuagem é algo a que você precisa se render, pois, uma vez que começou, você não pode voltar atrás, ou ficará com algo não apenas permanente, mas incompleto. Gosto da qualidade irrevogável dessa circunstância. Você tem que se permitir essa dor. Você escolheu esse sofrimento e, ao final dele, seu corpo será diferente. Talvez, seu corpo pareça mais seu.

Eu tenho sobrepeso. Espero que não tenha sempre, mas, por ora, esse é o meu corpo. Estou me conciliando com isso. Estou tentando sentir menos vergonha em relação a isso. Quando me marco com tinta, ou quando alguém faz isso por mim, estou tomando uma parte da minha pele de volta. É um processo longo e lento. Essa é minha fortaleza.

Capítulo 54

Contar a história do meu corpo é contar sobre vergonha — sentir vergonha da minha aparência, vergonha da minha fraqueza, vergonha de saber que está ao meu alcance mudar meu corpo e, no entanto, ano após ano, não mudá-lo. Ou então tentar; eu tento mesmo. Eu me alimento direito. Faço exercícios. Meu corpo fica menor e começa a dar a sensação de ser mais meu, não uma jaula de carne que carrego comigo. É quando começo a sentir um novo tipo de pânico, porque sou vista de uma forma diferente. Meu corpo se torna uma fonte diferente de discussão. Tenho mais opções de roupas e existe um momento inebriante, quando uma calça bem menor desliza sobre meu corpo e uma camisa recai facilmente sobre meus ombros. A vaidade aninhada na caverna do peito infla.

Nesses momentos, eu me vejo no espelho, mais estreita, mais angulosa. Reconheço o que poderia e deveria ter sido, o que quero ser. Essa versão de mim é aterrorizante e talvez até bonita, então entro em pânico e, dentro de alguns dias ou semanas, desfaço todo o progresso que já havia alcançado. Paro de ir à academia. Deixo de comer direito. Faço isso até me sentir segura outra vez.

A maioria de nós tem versões de nós mesmos que nos deixa apavorados. Temos esse corpo imperfeito e não sabemos exatamente como lidar com ele. Temos essas vergonhas que guardamos para nós, pois mostrar-nos como realmente somos, nem mais e nem menos, seria demais.

A vergonha é uma coisa difícil. As pessoas certamente tentam me envergonhar por ser gorda. Quando estou caminhando pela rua, homens se debruçam para fora da janela de seus carros e gritam coisas vulgares sobre o meu corpo, sobre como eles o veem e sobre o quanto ficam aborrecidos por eu não agradar seus olhares, suas preferências e desejos. Tento não levar esses homens a sério, porque o que eles estão realmente dizendo é: "Eu não me sinto atraído por você. Não quero transar com você, e isso confunde o meu entendimento de minha masculinidade, das coisas a que tenho direito e do meu lugar nesse mundo". Não é minha tarefa agradá-los com meu corpo.

É difícil, no entanto, me ater ao que eu sei diante do que sinto quando sou lembrada tão publicamente, tão violentamente, de como certas pessoas me veem. É difícil não sentir que sou o problema, que devo fazer o que for preciso para ter certeza de não compelir tais homens a me provocarem futuramente.

A prática da gordofobia é real, constante e um tanto aguçada. Existe um número chocante de pessoas que acreditam que podem simplesmente atormentar pessoas gordas para perderem peso e disciplinarem seu corpo, ou desaparecerem com seu corpo da esfera pública. Elas acreditam que são médicos especialistas, listando uma ladainha de problemas de saúde associados à gordura como afrontas pessoais. Esses algozes se prendem à retidão ao apontarem o óbvio — que nosso corpo é indisciplinado, desafiador, gordo. É uma estranha crueldade de mente cívica. Quando as pessoas tentam me humilhar por ser gorda, eu sinto ira. Fico obstinada. Quero me fazer mais gorda, só para ferir os depreciadores, embora a única pessoa que realmente esteja ferindo seja eu mesma.

Capítulo 55

Sou repleta de anseios e de inveja e muito da minha inveja é terrível. Assisto a um especial de *Nightline* — uma exposição dos horrores dos transtornos alimentares. Sou morbidamente fascinada por tais programas e suas cobaias humanas. Há algo nos rostos esqueléticos e corpos com ângulos acentuados das garotas anoréxicas que, ao mesmo tempo, me atraem e repugnam. Fico imaginando o que mantém o corpo delas de pé. Invejo a forma como a pele é esticada sobre seus ossos quebradiços. Invejo a maneira como suas roupas pendem indiferentes ao corpo delas, como se nem estivessem vestidas, mas flutuando — um halo verdadeiro recompensando sua magreza. O repórter fala com desdém dos programas rigorosos de exercícios a que essas meninas se submetem, da inanição, da obsessão com seu corpo. Ainda assim, sinto inveja porque essas meninas têm força de vontade. Elas têm o compromisso de fazer o que for preciso para terem seu corpo da maneira como querem. Eu ignoro seus cabelos raleando, os dentes apodrecendo, os órgãos internos se dissolvendo, se transformando num nada pastoso. Prefiro ficar obcecada com o corpo delas, da mesma forma como os outros são obcecados pelo meu.

Digo a mim mesma que, em breve, serei aquela garota que come biscoito de água e sal e diz que está satisfeita. Serei aquela garota que passa horas na academia, vestida de roupas excessivamente grandes. Serei a garota cuidadosamente vomitando calorias desnecessárias de seu corpo, com um dedo bem posicionado na garganta. Serei a garota que todos adoram odiar adorar, enquanto meus dentes vão ficando amarelados e meu cabelo vai caindo, mas meu corpo finalmente começa a se tornar mais aceitável, até que murche e depois desapareça, pare de ocupar espaço.

De alguma forma, eu nunca me transformo nessa garota. E então me odeio por querer algo com tanta avidez e sinto ódio do mundo que me odeia pelo meu corpo, por como ele é tão notoriamente visível, o mesmo mundo que força tantas garotas e mulheres a fazer o melhor para tentar desaparecer. Minha ira em geral é silenciosa, porque ninguém quer ouvir histórias da garota gorda que ocupa espaço demais e ainda não encontra lugar algum onde se encaixar. As pessoas preferem histórias de garotas excessivamente magras que passam fome e se exercitam demais, e estão cinzentas e cadavéricas, e vão sumindo a olhos vistos.

Capítulo 56

Geralmente, me sinto faminta mesmo que não esteja com fome. Em dias ruins, e tenho muitos dias ruins, eu como muito. Digo a mim mesma que não faço isso. Digo a mim mesma que não estou à toa, comendo doces ou Cheetos o dia inteiro. Isso é verdade. Não tenho porcaria em casa. Não tenho o hábito de comer porcaria. Mas, então, fico obcecada por determinado tipo de comida e passo a comer, comer, comer e comer aquilo durante dias sem parar, às vezes semanas, até ficar totalmente enjoada. É uma compulsão, imagino.

Quando estou fazendo uma refeição, não tenho nenhuma noção de controle de porção. Sou conclusiva. Se a comida está no meu prato, preciso terminá-la. Se ainda há comida no fogão, preciso terminá-la. Raramente deixo sobras. A princípio, é uma sensação boa, saborear cada garfada, o mundo se distanciando. Esqueço-me do meu estresse, da minha tristeza. Só me importo com os sabores em minha boca, o prazer extraordinário do ato de comer. Começo a me sentir cheia, mas ignoro essa sensação, e então ela passa e eu me sinto enjoada, mas, ainda assim, eu como. Quando não há mais nada, não sinto mais conforto. O que sinto é culpa e uma autoaversão incontrolável, e, às vezes, encontro mais alguma coisa para comer, para acalmar essa sensação e, estranhamente, para me punir, para me deixar mais enjoada, para que, da próxima vez, eu possa me lembrar de como me sinto quando me cedo excessivamente à autoindulgência.

Nunca me lembro.

Isso quer dizer que eu sei o que significa estar faminta sem estar com fome. Meu pai acredita que a fome está na mente. Eu a conheço de outra forma. Eu sei que a fome está na mente, no corpo, no coração e na alma.

Capítulo 57

Sofro de azia crônica porque costumava forçar o vômito depois que comia. Há uma palavra para isso, "bulimia", mas sempre me pareceu estranho usar essa palavra em relação a mim. Por um tempo, tentei me tornar aquela garota que invejo, a que tem a disciplina para ter uma disfunção alimentar. Não fiz isso por muito tempo, digo a mim mesma. Isso não é bem verdade. Fiz isso por cerca de dois anos, que não é tanto tempo, mas é o suficiente. Ou talvez eu não queria usar a palavra porque foi há muito tempo, o que absolutamente não é verdade. Parei de me forçar a vomitar há uns quatro anos. E, às vezes, tenho recaídas. Às vezes, quero simplesmente me livrar de toda a comida do meu corpo. Quero me sentir vazia.

Houve uma época em que comecei a vomitar porque queria me sentir vazia. Porque também queria me preencher. Eu não era adolescente, nem tinha vinte anos. Eu estava na casa dos trinta e, finalmente, havia encontrado a disciplina para ter um transtorno alimentar. Naquela primeira noite, eu queria comer um bife bem grande, um contrafilé de costela, ao ponto, com salada de alface e molho, croutons e queijo. No mercado, encontrei dois bifes bem grossos de contrafilé, com uma bela capa de gordura. Comprei um pacote de biscoito Oreo. Como uma mulher inteiramente moderna, consultei a internet. Levei um tempo para aprender como vomitar e fiquei tão fascinada quanto amedrontada com a informação que encontrei. Descobri que é bom beber bastante água imediatamente antes de expelir e que, no começo da comilança, você deve comer cenouras, para ter um marcador visual de quando já tiver se livrado de tudo que comeu. Descobri que chocolate tem um gosto horroroso quando sobe de volta (e isso acabou se revelando verdadeiro). Descobri que meus dedos podem ser cortados pelos meus dentes e que o ácido estomacal queimaria os nós dos meus dedos (o que também é verdade).

Quando me senti suficientemente preparada, preparei meu jantar e desfrutei de uma onda de empolgação diante da possibilidade de poder comer o que quisesse sem consequências. Isso, eu me assegurava, era um sonho. Comi toda aquela comida, os filés, a salada imensa, o pacote de biscoitos. Meu estômago doía e eu me sentia inchada e nauseada, de um jeito como nunca havia me sentido. Não queria esperar demais, então corri até a pia da cozinha, bebi três copos de água e fiquei encarando a pia de alumínio enquanto enfiava dois dedos na garganta. Foram necessários alguns golpes, mas não tardou para que eu começasse a vomitar. Meus olhos lacrimejavam. E eu estava pondo para fora toda a comida que tinha acabado de ingerir. Quando terminei, abri a torneira e liguei o triturador do ralo, e todas as provas do que eu havia feito foram lentamente desaparecendo. Pela primeira vez, não sentia vergonha por ter comido. Eu me sentia incrível. Sentia-me no controle. Fiquei imaginando por que tinha levado tanto tempo para tentar vomitar.

Se você é gordo, ninguém vai prestar atenção ao seu transtorno alimentar, ou vão desviar o olhar, ou vão olhar sem ver nada. Você pode esconder isso a olhos vistos. Eu escondi, de uma maneira ou de outra, pela maior parte da minha vida. É difícil ter a disposição de não fazer mais isso, de ser vista.

Eu não era gorda e então me fiz gorda. Precisava que meu corpo fosse uma massa tosca e impermeável. Eu não era como as outras garotas, dizia a mim mesma. Podia comer o que quisesse e o que elas quisessem também. Eu era tão livre. Eu era livre, numa prisão de minha própria autoria.

Fiquei mais velha e continuei comendo, principalmente para manter erguidos os muros da prisão. Dava mais trabalho do que parece. Na época, eu estava num ótimo relacionamento com um homem maravilhoso e estava concluindo meu doutorado, minha vida estava se recompondo e achei que pudesse enxergar uma saída da prisão que eu tinha feito.

Nós sofremos uma perda e isso me arrasou. Eu precisava culpar algo ou alguém, então culpei a mim mesma. Culpei meu corpo por estar despedaçado. Meu médico não me dissuadiu de fazer isso, algo que foi um tipo próprio de inferno — ter seu pior medo afirmado por um profissional da medicina credenciado para fazer tais julgamentos.

Meu corpo tinha de levar a culpa. Eu tinha de levar a culpa. Precisava mudar meu corpo, mas também queria comer, porque comer era um consolo e eu precisava de consolo, mas me recusava a pedir à única pessoa que poderia me consolar. Isso era algo que eu bem sabia havia muito tempo. Antes desse ponto, sempre brincava que não era bulímica, porque não conseguia forçar o vômito. Porém, quando realmente quero fazer algo, eu faço. Aprendi a provocar o vômito e fiquei muito boa nisso.

Eu sou gorda, então me escondia a olhos vistos, comendo, vomitando, comendo. Estou perfeitamente normal e bem, dizia a mim mesma. Um dia, meu namorado me encontrou no banheiro, agachada sobre o vaso, meus olhos vermelhos e lacrimejando. Foi uma cena horrível. "Sai daqui, porra", eu disse, baixinho. Não trocara mais do que algumas palavras com ele, com qualquer pessoa, havia meses.

Ele me agarrou e me puxou, me pondo de pé. Ele me sacudiu e disse: "É isso que você está fazendo? Isso?". Só fiquei olhando para ele, pois sabia que isso o deixaria com mais raiva. Eu queria deixá-lo com mais raiva, para que ele pudesse me punir e eu pudesse parar de me punir. Ele merecia me dar uma punição e eu queria dar isso a ele, como uma penitência. Ele era, e ainda é, um bom homem, então não me deu o que eu queria. Ele me soltou e deu alguns passos para trás, saindo do banheiro. Deu um soco na parede, o que só me enfureceu, porque eu queria que ele desse o soco em mim.

Depois disso, ele tentou nunca me deixar sozinha. Ele tentava me salvar de mim mesma. Rá! Rá! Rá! Estou melhor, eu lhe dizia. Já parei com tudo isso, eu lhe dizia. Acho que estava melhor. Estava melhor em esconder o que fazia. Ele não podia me seguir para todos os lugares. Aprendi a ser bem silenciosa. As coisas entre nós melhoraram, ou ficaram tão bem quanto poderiam ficar, e então me formei e me mudei, e ele não se mudou junto, e eu finalmente estava vivendo sozinha e podia fazer o que quisesse. Eu era uma profissional realizada; portanto, era mais fácil que nunca me esconder a olhos vistos.

Na nova cidade, ninguém me conhecia de verdade. Eu tinha "amigos", mas não que viessem ao meu apartamento, ou que tivessem a chance de me conhecer bem o suficiente para ver que algo estava errado. Quando saíamos para jantar, os amigos comentavam que eu sempre ia ao banheiro depois que comia. "Eu tenho um estômago ruim", eu dizia, educadamente. Era meio verdade.

Logo eu já estava recuperada, envolvida com um cara. A única vez que ele me flagrou vomitando, disse: "Que bom que você está trabalhando no problema". Para ele, o verdadeiro problema era meu corpo, e ele nunca me deixou esquecer isso. Ele me punia e eu gostava. Finalmente, pensei. Finalmente. Ele fazia comentários cruéis e me dava "conselhos", que só me lembravam que tudo que havia de errado com meu corpo era, na verdade, culpa minha. "Por que você está com esse babaca?", muitas pessoas — amigos, estranhos que nos viam juntos em público — perguntavam. Quanto mais tempo passava com ele, pior ele fazia eu me sentir, e também melhor, porque finalmente alguém estava me dizendo a verdade sobre mim que eu já sabia.

Algo tinha que ceder. Algo sempre cede. Minha mágoa começou a diminuir. Eu estava velha demais para aquela merda, percebi. A azia tinha começado, e me dei conta de que precisava parar de me punir. Depois de trinta anos, finalmente havia encontrado uma grande amiga que via o melhor e o pior em mim, e embora eu não conversasse a respeito do que estava se passando, ela estava ali e eu poderia ter dito a ela e ficaria tudo bem. Isso é algo poderoso, saber que você pode se revelar a alguém. Isso me fazia querer ser uma pessoa melhor.

Eu queria parar, mas querer e fazer são duas coisas diferentes. Eu tinha uma rotina. Passava fome o dia todo e depois fazia uma refeição imensa. Em seguida, vomitava o que havia comido. Eu me esvaziava e adorava aquela sensação de estar vazia. Ignorava meus dentes amarelados, a minha queda de cabelos e as queimaduras de ácido nos nós dos meus dedos da mão direita. "Por que meu cabelo está caindo?", eu pesquisava na internet, como se já não soubesse.

A verdade era mais complicada e eu não sabia como dividi-la. Nem sequer achava que alguém em minha vida se importaria com a verdade, contanto que eu estivesse lidando com meu corpo por quaisquer meios necessários. Temos que nos preocupar com as meninas definhando que estão sendo alimentadas por um tubo no nariz, não com garotas como eu. E, também, eu já estava bem velha para estar lidando com o que julgamos ser um problema de adolescente. Eu estava constrangida. Estou constrangida. Você não pode me admirar. Sou uma merda de uma problemática.

Tornei-me vegetariana porque precisava de um meio menos nocivo para organizar a minha alimentação. Precisava de algo para focar que não envolvesse botar as tripas para fora todo santo dia. Achei que seria vegetariana apenas por um ano, mas acabei aderindo por quase quatro anos, até que fiquei anêmica demais e tive que começar a comer carne novamente.

Ao pé da letra, a palavra *heartburn*, relativa a azia, significa "queimação do coração". Mas ela pode ser um tanto enganadora. Isso não tem nada a ver com o coração. Ou tem tudo a ver com o coração, só que não do jeito que você pode achar.

Capítulo 58

Às vezes, pessoas que — acho — têm boa intenção gostam de me dizer que não sou gorda. Elas dizem coisas como: "Não diga isso de você", porque entendem a palavra "gorda" como algo vergonhoso, um insulto, enquanto eu entendo "gorda" como uma realidade do meu corpo. Quando utilizo a palavra, não estou me insultando. Estou me descrevendo. Esses farsantes mentem descaradamente, dizendo "Você não está gorda", ou ofertam um elogio chocho tipo "Você tem um rosto tão bonito" ou "Você é uma pessoa tão legal", como se eu não pudesse ser gorda e também possuir o que eles enxergam como qualidades valiosas.

É difícil para pessoas magras saberem como falar com pessoas gordas sobre o corpo delas, independentemente de suas opiniões terem sido solicitadas. Entendo isso, mas é ofensivo fingir que não sou gorda, ou negar meu corpo e sua realidade. É ofensivo achar que eu, de alguma forma, não tenho consciência da minha aparência física. E é um insulto presumir que eu me envergonho de mim mesma por ser gorda, independentemente do quão perto isso possa estar da verdade.

Capítulo 59

Há poucos espaços em que corpos como o meu cabem.

Cadeiras com braços geralmente são insuportáveis. E tantas cadeiras têm braços. Os hematomas tendem a perdurar. Eles continuam sensíveis ao toque durante horas ou até dias. Minhas coxas ficaram roxas bem frequentemente pelos últimos 24 anos. Espremo meu corpo em assentos que não são destinados a me acomodar e depois de uma ou duas horas, quando me levanto e o sangue circula, a dor é intensa. Às vezes me viro na cama e me retraio, lembrando que, sim, eu sentei numa cadeira com braços. Outras vezes, tenho um rápido vislumbre de mim mesma no espelho, talvez quando estou enrolando uma toalha em meu corpo, e vejo o arroxeado desde minha cintura até o meio da minha coxa. Vejo como os espaços físicos me punem pelo meu corpo indisciplinado.

A dor pode ser insuportável. Às vezes acho que a dor vai me partir. Sempre que entro em uma sala onde é esperado que eu me sente, sou tomada pela ansiedade. Que tipo de cadeiras vou encontrar? Será que elas terão braços? Serão firmes? Por quanto tempo terei que ficar sentada nelas? Se eu conseguir me espremer entre os braços estreitos de uma cadeira, será que conseguirei me erguer para sair? Se a cadeira for baixa demais, será que conseguirei ficar de pé sem ajuda? Essa recitação de perguntas é constante, assim como as recriminações que faço a mim mesma por me colocar em posição de ter de lidar com tais ansiedades em virtude do meu corpo gordo.

Muitas das vezes, essa é uma humilhação silenciosa. As pessoas têm olhos. Elas podem ver claramente que uma cadeira talvez seja pequena demais, mas não dizem nada enquanto observam eu me espremer num assento que não tem a menor condição de me acomodar. Elas não dizem nada quando fazem planos para me incluir nesses locais inóspitos. Não sei dizer se isso é crueldade casual ou ignorância intencional.

Quando estava na graduação, tinha pavor das salas de aula onde eu teria que me espremer numa daquelas carteiras com a mesinha anexa. Tinha horror da humilhação de me sentar, ou sentar pela metade, numa cadeira daquelas, minha gordura se esparramando para todo lado, uma ou as duas pernas anestesiadas, mal conseguindo respirar com a carteira cravada na minha barriga.

No cinema, rezo para que o auditório seja guarnecido de poltronas com braços móveis, ou serei submetida à dor. Adoro peças de teatro e musicais, mas raramente assisto porque simplesmente não caibo. Quando vou a tais eventos, eu sofro e mal consigo me concentrar, porque estou sentindo muita dor. Eu me esquivo de socializações em excesso, e os amigos acham que sou mais antissocial do que de fato sou, porque não quero ter que explicar o motivo de não poder me juntar a eles.

Antes de ir a um restaurante, verifico obsessivamente o site do local e faço buscas no Google e no Yelp para ver que tipo de assento o ambiente possui. São assentos ultramodernos e frágeis? Têm braços e, se sim, de que tipo? Há cabines com sofás e, se sim, a mesa pode ser deslocada, ou é uma daquelas mesas soldadas entre dois bancos? Quanto tempo acho que consigo ficar sentada numa das cadeiras sem gritar? Faço essa pesquisa obsessiva porque as pessoas tendem a presumir que todos se deslocam pelo mundo da mesma maneira que elas. Elas nunca pensam que eu ocupo espaço de maneira diferente da delas.

Imagine só. Um jantar, dois casais, um restaurante da moda. Quando vamos sentar, rapidamente percebo que não fiz meu dever de casa. As cadeiras são firmes, mas estreitas e com braços fixos. Pergunto à recepcionista se podemos nos sentar a uma mesa com sofá, porém, embora o restaurante esteja vazio, ela diz que todos os espaços estão reservados. Quero chorar, mas não posso. Estou num encontro. Estamos com amigos. Meu acompanhante sabe o que eu estou sentindo, mas também sabe que não quero despertar mais atenção, sabe que vou preferir suportar a cadeira, em vez de fazer uma cena. Estou entre a cruz e a espada.

Nós nos sentamos e eu me empoleiro na beirada da cadeira. Já fiz isso outras vezes. Farei novamente. Minhas coxas são muito fortes. Quero desfrutar da refeição, da conversa adorável com esses amigos queridos. Quero aproveitar os coquetéis e a comida maravilhosa que está sendo servida, mas só consigo pensar na dor nas minhas coxas e nos braços da cadeira apertando as minhas laterais, e por quanto tempo mais terei que fingir que está tudo bem.

Quando a refeição finalmente termina, sou tomada pelo alívio. Quando me levanto, estou tonta, nauseada e com dor.

Até mesmo os momentos mais felizes da minha vida são enevoados pelo meu corpo e o fato de que ele não cabe em lugar nenhum.

Isso não é vida, mas é assim que vivo.

Capítulo 60

Estou sempre desconfortável ou com dor. Não me lembro do que é me sentir bem em meu corpo, sentir qualquer coisa que se assemelhe a conforto. Quando passo por uma porta, dou uma olhada nas dimensões e, inconscientemente, me viro de lado, sendo ou não necessário. Quando estou caminhando, sinto pontadas no tornozelo, uma dor no meu calcanhar direito, uma tensão na lombar. Estou sempre ofegante. Às vezes, paro e finjo que estou olhando o cenário ou um pôster na parede ou, mais frequentemente, meu telefone. Sempre que possível, evito caminhar com outras pessoas, pois caminhar e falar ao mesmo tempo é um desafio. Evito caminhar com outras pessoas de qualquer maneira, pois me desloco lentamente e elas não. Em banheiros públicos, tenho que manobrar para entrar nos cubículos. Tento pairar acima do vaso, porque não quero que ele se quebre embaixo de mim. Por menor que seja o banheiro, evito o cubículo para cadeirantes, pois as pessoas gostam de me olhar de cara feia quando uso esse banheiro meramente por ser gorda e precisar de mais espaço. Eu fico muito infeliz. Às vezes, tento fingir que não fico, mas isso, assim como todo o restante em minha vida, é exaustivo.

Faço o máximo para fingir que não estou sentindo dor, que minhas costas não doem, que não estou sentindo o que quer que seja que estou sentindo, porque não tenho permissão para ter um corpo humano. Se eu sou gorda, também tenho de ter o corpo de alguém que não é gordo. Eu preciso desafiar o espaço, o tempo e a gravidade.

Capítulo 61

E há também a forma como estranhos tratam meu corpo. Eu sou empurrada em locais públicos como se a minha gordura me habituasse a ter dor e/ou como se eu merecesse a dor, uma punição por ser gorda. Pisam nos meus pés. Passam dando trancos, esbarram em mim. Vêm correndo de encontro a mim. Sou bastante visível, mas sou habitualmente tratada como se fosse invisível. Meu corpo não recebe nenhum respeito, consideração ou cuidado em espaços públicos. Meu corpo é tratado como um espaço público.

Capítulo 62

Viagens aéreas são outro inferno. A poltrona da classe econômica tem, em média, 43 centímetros de largura, enquanto a poltrona da primeira classe tem entre 53 e 55 centímetros de largura. Da última vez que viajei numa poltrona da classe econômica, eu estava na fileira da saída de emergência, por conta do espaço para as pernas. Consegui caber na poltrona porque, naquela companhia aérea específica, a Midwest Express, não havia descanso de braços nas poltronas da saída de emergência. Embarquei e me sentei. O passageiro do assento ao meu lado por fim embarcou e eu instantaneamente notei que ele estava agitado. Ele ficava me olhando e resmungando. Era possível notar que ele ia arranjar confusão, que ele ia me humilhar. Fiquei mortificada. Ele se inclinou na minha direção e disse: "Você tem certeza de que consegue lidar com as responsabilidades dessa poltrona?". Ele era idoso, bem frágil. Eu era gorda, mas era, e ainda sou, alta e forte. Era um absurdo imaginar que eu não poderia lidar com as responsabilidades da saída de emergência. Eu simplesmente disse sim, mas gostaria de ter sido uma mulher mais corajosa, o tipo de mulher que voltaria a pergunta para ele.

Quando você é gorda e está viajando, os olhares que a encaram começam desde o momento em que você chega ao aeroporto. No portão, há muitos olhares constrangedores enquanto as pessoas deixam claro que não querem ficar sentadas ao seu lado, nem ter nenhuma parte de seu corpo obeso tocando o corpo delas. Durante o processo de embarque, quando percebem que tiveram sorte nessa roleta-russa e não ficarão sentadas ao seu lado, demonstram um alívio visível, palpável, descarado.

Naquele voo, particularmente, o avião estava prestes a recuar do portão, quando o homem agitado chamou a comissária de bordo. Ele se levantou e foi atrás dela até a copa, de onde sua voz ecoava pelo avião, enquanto ele dizia que era arriscado demais que eu estivesse sentada na fileira da saída de emergência. Ele claramente achava que a minha presença nessa fileira significava o fim de sua vida. Era como se ele soubesse de alguma coisa sobre o voo que ninguém mais sabia. Fiquei ali sentada cravando as unhas nas palmas das minhas mãos, enquanto as pessoas começaram a se virar e me encarar, murmurando seus comentários. Tentei não chorar. O homem agitado acabou sendo acomodado em outro lugar, e depois que o avião decolou, eu me encolhi no canto e chorei, da maneira mais invisível e silenciosa que pude.

Dali em diante, comecei a comprar duas poltronas na classe econômica, o que, quando eu ainda era relativamente jovem e sem dinheiro, significava que raramente podia viajar.

Quanto maior você é, menor se torna o seu mundo.

Quanto maior você é, menor se torna o seu mundo.

Mesmo comprando dois assentos na classe econômica, a viagem pode ser repleta de humilhações. As companhias aéreas preferem que as pessoas obesas comprem dois bilhetes, mas poucos funcionários das companhias têm alguma noção de como lidar com dois cartões de embarque e a poltrona vazia, uma vez que o avião está inteiramente lotado. Torna-se uma grande produção: primeiro, no embarque, quando precisam escanear dois cartões como se isso fosse um mistério sem solução, e depois, quando você já está sentado, conforme eles tentam entender o sentido da discrepância, não importa quantas vezes você lhes diga que sim, ambas as poltronas são suas. A pessoa do outro lado da poltrona vazia frequentemente tenta se apossar de parte daquele espaço, embora, se qualquer parte do seu corpo tocar nela, abrem-se as portas do inferno. É uma hipocrisia irritante. Fico muito injuriada com isso e, quanto mais velha vou ficando, mais digo às pessoas que não dá para elas terem as duas coisas — reclamar se alguma parte do meu corpo se atrever a tocá-las, caso eu tenha comprado apenas um lugar, ou colocar seus pertences no espaço da poltrona vazia que comprei para meu conforto e sanidade.

E, claro, também existe a questão do cinto de segurança. Há muito tempo viajo com minha própria extensão de cinto, porque pode ser um suplício obter uma extensão de um comissário. Há poucas oportunidades discretas para se fazer essa solicitação. Os comissários geralmente se esquecem se você pedir, digamos, quando estiver embarcando no avião. Eles tendem a fazer um grande estardalhaço ao entregar, quando finalmente se lembram, como se o estivessem punindo, lembrando a todos do avião que você é gorda demais para usar o cinto de segurança padrão. Ou isso é o que parece, porque fico constrangida em relação a tudo que diz respeito ao meu corpo.

Sempre portando minha extensão de cinto, eu com frequência consigo evitar essas pequenas humilhações e incômodos, mas realmente não há como fugir. Num voo regional recente, me foi dito que é um regulamento da empresa área que sejam usadas apenas as extensões autorizadas. Houve um voo para Grand Forks, Dakota do Norte, em que a comissária de bordo me fez tirar minha extensão do cinto de segurança e aceitar a sua, na frente do avião inteiro, antes que autorizasse a decolagem. Regulamento federal, disse ela.

Tenho muita sorte por ter finalmente chegado a um ponto em minha carreira em que parte do meu contrato com a instituição que esteja me levando de avião para palestrar faz com que ela tenha que comprar um bilhete de primeira classe. É por causa do meu corpo, e eles sabem disso, e se querem que eu viaje até eles, precisam garantir ao menos um pouco da minha dignidade.

Essa recitação parece bem indulgente, mas é a minha realidade. Isso também é a verdade de viver num corpo gordo. É muito peso para carregar.

V

Capítulo 63

Em *Mastering the Art of French Cooking*, Julia Child escreve: "Cozinhar não é uma arte particularmente difícil, e quanto mais você cozinha e aprende sobre a culinária, mais sentido ela faz. Porém, como toda arte, ela exige prática e experiência. O ingrediente mais importante que você pode acrescentar é o amor pela culinária em si".

Não achei que fosse possível que eu amasse cozinhar. Não achei que um amor desses seria permitido. Não achei que poderia amar comida ou me deleitar nos prazeres sensuais de comer. Não me ocorreu que cozinhar para mim mesma fosse um cuidado comigo, ou que eu pudesse cuidar de mim em meio à ruína que deixei que eu me tornasse. Essas coisas eram proibidas para mim, o preço que tinha que pagar por ser tão loucamente indisciplinada com meu corpo. Comida era combustível, nada mais, nada menos, mesmo que me deleitasse excessivamente com aquele combustível sempre que podia.

Mas então me mudei para a Upper Pensinsula, em Michigan, e morei numa cidade de cerca de 4 mil habitantes enquanto estava estudando. Depois arrumei um emprego em Charleston, Illinois, outra cidade pequena. Tornei-me vegetariana e percebi que se quisesse comer, teria que preparar minhas refeições ou estaria relegada a uma dieta de alface e batatas fritas.

Por volta dessa mesma época, comecei a assistir a *Receitas da Ina*, um programa de culinária de Ina Garten, apresentado diariamente de quatro às cinco da tarde. Eu assistia todos os dias, quando chegava do campus. Era um momento para deixar o mundo de lado e apenas relaxar. Adoro o programa. Adoro tudo a respeito de Ina. Seus cabelos escuros, sempre brilhantes e suaves, curtos e perfeitamente penteados. Ela usa uma variação da mesma camisa todos os dias. Através da seção de perguntas e respostas de seu site, descobri que suas camisas são feitas sob medida, mas ela não divulga por quem. Ela é casada com um homem chamado Jeffrey, que tem uma predileção por frango assado, e se o programa for algum indicativo, o relacionamento deles é de adoração. Ela é inteligente, rica e ostenta essas características confortavelmente, mas de modo inofensivo.

Ina adora perguntas retóricas. "Isso não está ótimo?", ela indaga, enquanto experimenta um de seus pratos deliciosos. Ou: "Quem não ia querer isso de aniversário?", enquanto planeja uma surpresa para um de seus elegantes amigos dos Hamptons. Ou: "Nós precisamos um belo coquetel para o café da manhã, não é?", quando prepara um *brunch* para um de seus muitos amigos atraentes, abastados e frequentemente gays. Há um episódio em que ela leva comida (bagels e salmão defumado) numa viagem até o Brooklyn para comer mais comida (numa feira livre ou algo do tipo).

Eu adoro tanto Ina Garten que uma das minhas redes wi-fi em casa tem o nome do programa. É como se assim ela estivesse olhando por mim.

Ina Garten faz com que cozinhar pareça fácil, acessível. Ela adora bons ingredientes — boa baunilha, bom azeite de oliva, bom tudo. E está sempre dando dicas úteis — a manteiga bem fria é melhor para a massa de doces e os melhores utensílios de uma cozinheira são as mãos limpas. Ela usa um pegador de sorvete para manusear a massa quando faz muffins, e lembra ao espectador dessa dica com um sorriso conspirador. Quando faz compras na cidade, sempre pede que o açougueiro ou o peixeiro ou o padeiro ponha as compras em sua conta. Ela não se suja com dinheiro em espécie.

Um dia, ela convida alguns operários de obras que estão restaurando um moinho para o almoço e decora a mesa com acessórios de construção, como uma lona, alguns pinceis e um balde. Enquanto prepara a refeição deles, faz questão de prover porções de tamanhos masculinos, a serem seguidas por uma torta de brownie, um negócio indecente que um dia eu tentei fazer.

O que mais adoro em Ina é que ela me ensina a acalentar uma forte noção do meu eu e da minha autoconfiança. Ela me ensina a ficar à vontade com meu corpo. Em todas as aparições, ela está inteiramente à vontade consigo mesma. Ela é ambiciosa e sabe que é excelente no que faz e nunca se desculpa por isso. Ela me ensina que uma mulher pode ser rechonchuda, agradável e totalmente apaixonada por comida.

Ela me dá permissão para amar a comida. Ela me dá permissão para reconhecer minha fome e saciá-la de maneiras saudáveis. Ela me dá permissão para comprar os "bons" ingredientes aos quais é tão afeiçoada e que recomenda, para que assim eu possa preparar boa comida para mim e oferecê-la àqueles para quem gosto de cozinhar. Ela me dá permissão para abraçar minha ambição e acreditar em mim. No caso de *Receitas da Ina*, um programa de culinária é muito mais que apenas um programa de culinária.

Capítulo 64

Não sou o tipo de pessoa que pode dar uma olhada na despensa, identificar quatro ou cinco ingredientes aleatórios e preparar uma refeição deliciosa. Preciso da proteção e do conforto das receitas. Preciso de orientações delicadas. Num bom dia, posso fazer experimentos com uma receita, tentar algo novo, mas preciso de alguma base.

Tenho de admitir que existe algo muito satisfatório em fazer as coisas do zero, saber que todos os pratos de uma refeição foram feitos por suas próprias mãos. Como uma pessoa preguiçosa, sou fã de coisas pré-formuladas, mas foi muito divertido e profundamente relaxante fazer, por exemplo, minha própria massa e meu próprio recheio para uma linda torta de cereja. Eu me senti produtiva e capaz.

O que me fascinou quanto a cozinhar e ao fato de descobrir isso no meio da minha vida foi como esse é, na verdade, um empreendimento realmente bom para um fanático por controle. Há regras, e para ser bem-sucedido, pelo menos no início, elas precisam ser seguidas. Sou boa em seguir regras quando quero.

Gosto especialmente de pães e de bolos, o que é um desafio, pois esses alimentos geralmente não conduzem a uma alimentação saudável ou à perda de peso. Mas eu leciono; portanto, preparo receitas e levo-as para o trabalho, para compartilhar com meus alunos ou colegas.

Parte do prazer dos pães e bolos está em sua precisão. Ao contrário do resto da culinária, que favorece a experimentação, pães e bolos exigem pesagem, medição, tempos e temperaturas exatos. O prazer de seguir as regras é multiplicado.

As coisas sempre podem dar errado e o preparo pode ser bagunçado, mas o ato de criar algo a partir de ingredientes distintos continua satisfatório. Cozinhar me faz lembrar que sou capaz de me cuidar e sou digna de me cuidar e de me alimentar.

Capítulo 65

A comida, em si, é complicada para mim. Eu gosto demais. Gosto de cozinhar, mas detesto fazer compras. Sou ocupada. Sou uma comedora vergonhosamente exigente. Estou sempre tentando perder peso. Essa combinação faz com que eu sempre esteja em busca de programas ou produtos que me possibilitarão lidar com todas essas questões de uma só vez. Experimentei um serviço chamado Fresh 20, que faz o planejamento da alimentação, mas deixa as compras de mercado por sua conta. Tentei os Vigilantes do Peso. Tentei comer só refeições da Lean Cuisines. Tentei dietas de pouco carboidrato. Tentei as dietas de alta proteína. Tentei a combinação de várias coisas. Tentei o SlimFast durante o dia e uma refeição de verdade à noite. Tentei manter petiscos saudáveis em casa — comida saudável que imita porcaria e só me deprime com a tentativa —, chips de beterraba, chips de couve, chips de ervilha, bolinhos de arroz. Depois, joguei toda essa comida falsa no lixo, porque não quero porcaria de mentira, quero porcaria de verdade, e se não posso ter porcaria de verdade, não quero porcaria nenhuma. Tentei comer frutas e castanhas. Tentei jejuar dia sim, dia não. Tentei fazer todas as minhas refeições antes das oito da noite. Tentei comer cinco pequenas refeições por dia. Tentei beber enormes quantidades de água a cada dia para preencher meu estômago. Tentei ignorar minha fome.

Na verdade, essas tentativas foram de má vontade ou tiveram pouca duração.

Em minha busca por me alimentar melhor, entrei para o Blue Apron quando me mudei para Indiana, em 2014. Blue Apron é um serviço de assinatura, através do qual a cada semana você recebe os ingredientes, nas proporções corretas, para três refeições. Eles se ocupam com duas das tarefas mais desagradáveis da culinária: o planejamento das refeições e as compras de mercado. Eu era meio cética com kits de refeição, porque os membros têm pouco controle sobre as refeições que recebem. Mas se eu ia tentar me cuidar melhor, teria que me dedicar ao máximo.

É bonitinho como tudo é rotulado e embalado. Há bugigangas como garrafinhas de vinagre de champanhe e uma tigelinha de maionese. Sendo alguém que gosta de coisinhas miúdas, eu sempre tratava a abertura da caixa como um evento. Os ingredientes são acompanhados de cartões de receitas coloridos, com instruções passo a passo e fotografias. Há pouco espaço para erros; no entanto, ainda há o fator humano. Só cabe a mim o preparo das refeições, e minha probabilidade de falha na cozinha é particularmente marcante.

Minha primeira refeição foi feijão branco e salada de escarola com batatas crocantes. Eu não tinha certeza do que era escarola, mas concluí que era alface picante, um nome melhor e mais preciso. A quantidade de alface picante que a Blue Apron mandou era cômica, então, acrescentei um pé de alface romana, pois alface não tem calorias, nem valor nutricional, mas pode ocupar um pouco de espaço no prato.

A receita era até bem simples. Lavei e descasquei duas batatas, fatiei, fervi pelo tempo indicado. Enquanto isso estava acontecendo, fiz o molho — maionese, suco de limão e alho. A receita também levava alcaparras, que detesto, tão viscosas e horríveis, e embora eu estivesse tentando superar minha chatice, só se alcança um progresso limitado numa única sessão.

Quando as batatas estavam cozidas, coloquei-as numa assadeira e salpiquei tudo com azeite de oliva, sal e pimenta. Elas foram assadas a 260 graus por 25 minutos, e minha cozinha ficou insuportavelmente quente. Comecei a pensar na melancolia de cozinhar para si mesmo quando se é solteiro ou mora sozinho. Um dos muitos motivos de eu ter demorado tanto para aprender a cozinhar e desfrutar da culinária é que sempre parece um desperdício ter todo aquele trabalho só para mim.

O jantar não iria esperar pela melancolia, então, depois de lavar e escorrer o feijão, cortei uma cebola e montei a salada, acrescentando tomate, o feijão, a alface, o molho, tudo servido com a batata crocante. Saiu tudo bem, embora eu tivesse a mais triste coleção de acessórios culinários me ajudando no processo. Foi a primeira vez em minha vida que algo que preparei mostrava alguma semelhança com a receita da qual se originou.

Em outra caixa, estavam os ingredientes para um prato de ravióli de ervilha inglesa. Comecei amassando quatro dentes de alho e um pouco de cebola. A cebola ficou horrenda, porque eu não tenho habilidade com a faca. O que deveria ser cebola uniformemente picada era um amontoado de nacos irregulares de cebola. Quando a cebola e o alho estavam prontos, acrescentei as ervilhas inglesas, um pouco de sal e pimenta. Tudo cheirava bem. Eu me sentia realizada e talvez até um pouco poderosa, a mestra do meu domínio culinário.

Tirei as cebolas e a ervilha do fogo e acrescentei hortelã picada, depois acrescentei ricota fresca, um ovo e um pouco de queijo parmesão. Teoricamente, isso seria o recheio do meu ravióli.

É interessante. Enquanto cozinhava, notei como os ingredientes em seu estado individual e cru podem ser ligeiramente repulsivos, mas necessários, um pouco como as pessoas. O ovo, o parmesão e a ricota, tão úmidos e soltos, não me empolgaram. Pareciam íntimos demais.

Então, chegou a hora de montar o ravióli. Achei que tivesse seguido a receita corretamente, mas o ravióli não refletia isso. O processo de montagem foi irritante. As folhas de massa não colavam, por mais que eu tentasse. Eu apertava as bordas com um garfo, mas elas não ficavam presas. Quase joguei o ravióli de aparência desastrosa contra a parede, porque minha irritação era desproporcional ao potencial da refeição que eu estava tentando preparar. No fim, decidi: *Que se dane*, e joguei a massa bagunçada na água fervente, torcendo pelo melhor, preparada para o pior.

Os travesseirinhos de massa que eu tinha tentado criar rapidamente desmancharam nas bordas. A tragédia ia se multiplicando. Quando achei que a massa estava suficientemente cozida, virei tudo num escorredor e depois transferi aquela bagunça numa panela com manteiga e deixei em fogo baixo, até parecer pelo menos comestível. O ravióli desmanchado acabou ficando com um gosto bom e tenho certeza de que havia uma lição ali, sobre como praticamente tudo pode ser salvo quando você cozinha, mas eu nunca encontrei de fato essa lição.

A Blue Apron e outros serviços de alimentação em kits são bons, mas às vezes cozinhar pode ser um aborrecimento. É exaustivo manter a cabeça no preparo da comida que vou ingerir todo santo dia e, morando sozinha, sou sempre a responsável por esse preparo. Quanto mais cozinho para mim, mais cresce minha admiração por mulheres e homens que diariamente cozinham para suas famílias.

Algumas noites, é só uma questão de saber se tenho manteiga de amendoim, geleia e pão para que o problema do jantar esteja resolvido. Claro que não posso deixar de imaginar quando foi que as refeições básicas se tornaram problemas em vez de refeições, provações complicadas em vez de rituais diários de subsistência. Eu amo comida, mas é tão difícil desfrutar dela. É tão difícil acreditar que eu tenho permissão para desfrutar dela. Principalmente, a comida é um lembrete constante do meu corpo, da minha falta de força de vontade, das minhas maiores falhas.

Capítulo 66

Quando peço a minha mãe que me passe suas receitas, ela é, ao mesmo tempo, solícita e vaga. Ela compartilha os ingredientes básicos e o modo de preparo, mas nunca consigo reproduzir o sabor de seus pratos. Uma vez, pedi a ela a receita de *soup joumou*, que os haitianos preparam para o primeiro dia do ano, nosso Dia da Independência. Isso foi o que a minha mãe deu:

Dois repolhos	*Nabos*
Ervilha	*Cenouras*
Abóbora	*Cebolas*
Alho-poró	*Coentro e salsa*
Batatas	*Filé-mignon*

Cozinhe a carne em fogo baixo até ficar macia. Tempere com alho, sal, pimenta-do-reino e pimenta vermelha.

Acrescente água.

Acrescente os legumes.

Nunca tentei preparar essa receita.

Minha mãe sempre insiste que está dando a mim ou a minhas cunhadas a receita completa, mas não consigo evitar a sensação de que ela está guardando alguma coisa, um segredo ou outro para que aquilo que torna seu preparo único, seu afeto pela família, fique sempre exclusivamente sob sua posse.

O molho é uma característica típica de muitos pratos haitianos — com base de tomate, cheiroso, delicioso. Mesmo quando minha mãe prepara comida americana, o molho está na mesa. Ele combina com tudo. Se meu pai senta à mesa de jantar e não vê o molho, ele pergunta "Onde está o molho?", e minha mãe faz uma cara feia. Às vezes, ela só está provocando, e o molho está aquecendo no forno. Às vezes, ela não está disposta a prepará-lo.

Eu pareço nunca guardar os ingredientes mais importantes das receitas da minha mãe; então, quando estou em minha própria casa tentando cozinhar certos pratos haitianos, ligo para sua casa e ela pacientemente me ensina a receita. O molho, um prato tão simples, mas tão enganoso, me deixa num impasse. Minha mãe me lembra de colocar as luvas de borracha. Finjo que algo assim algum dia terá lugar em minha cozinha. Ela me diz para fatiar cebolas e pimentões vermelhos e deixar reservado, depois de me lembrar seriamente de *lavar tudo*. Minha cozinha fica tomada pelo cheiro terno de casa. O molho sempre fica bom, mas não ótimo. Não consigo identificar, precisamente, o que está faltando, e cresce a minha desconfiança de que minha mãe detém alguma informação vital. Ao comer as refeições da minha infância preparadas pelas minhas próprias mãos, fico cheia de anseio e uma raiva silenciosa que surgiu do amor bruto e das boas intenções da minha família.

Há um prato haitiano que tenho domínio para fazer — nosso macarrão com queijo, que sacia, mas não é tão pesado como a versão americana. Quando vou a uma festa onde se tem de levar um prato, uma atividade que tenho pavor, porque sou absurdamente chata e desconfiada de comidas comunais, levo esse prato. As pessoas sempre se impressionam. Acho que elas se sentem mais cosmopolitas. Elas esperam que haja uma rica narrativa por trás do prato, porque temos expectativas culturais sobre "comida étnicas". Não sei como explicar que, para mim, o prato é simplesmente uma comida que adoro, mas com a qual não tenho a ligação que eles presumem. Em lugar de ser uma afirmação da cultura da minha família, esse prato, assim como a maior parte dos pratos haitianos, estão ligados ao meu amor pela minha família e uma raiva silenciosa, inabalável.

E, no entanto, quando estou com minha família, quando nos tornamos aquela ilha em nós mesmos, eu me permito ser parte deles. Estou tentando perdoar e recompensar pelo tempo perdido, eliminar as distâncias que coloquei entre nós, embora tivesse sido necessário, por um tempo, que me separasse deles. Essas são as pessoas que não sabem tudo de mim, mas sabem o suficiente, sabem o que mais importa. Eles continuam a me amar muito e eu os amo da mesma forma.

A cada Ano-Novo, nos reunimos na Flórida e participamos da festa de gala do clube de campo dos meus pais. Há um jantar de cinco pratos — uma porção de pratinhos miudinhos. Há bebida e dança. Mesmo cercada por cem outras pessoas, ficamos voltados para nós mesmos. Voltamos à casa dos meus pais por volta de uma da manhã e a festa continua — os móveis são empurrados, a música *konpa* está tocando, há mais dança, meus irmãos e primos e eu ficamos olhando o espetáculo radiante que é essa família, a bela fera que nos tornamos quando estamos juntos.

Minha fome fica particularmente aguçada quando visito meus pais. Para começar, eles são minimalistas quando se trata de manter comida em casa. Eles viajam muito, portanto, não faz sentido manter legumes frescos, já que tudo vai estragar antes de ser consumido. E embora comam e gostem de uma boa refeição, meus pais não são pessoas que têm um prazer excepcional pela comida. Raramente petiscam. Qualquer comida em casa geralmente exige algum tipo de preparo.

Mas também há a paranoia que eu desenvolvi. Sinto que tudo o que faço está sendo observado, analisado, julgado. Eu me privo das coisas para dar a aparência de conformidade, de estar fazendo um pequeno esforço para ficar mais magra, melhor, menos como um problema de família. Porque é isso que eles me dizem — meu peso é um problema de família. Portanto, além do meu corpo, também carrego esse fardo, saber que meus entes amados me consideram problema deles até que eu finalmente perca "o peso".

Começo a ansiar por comida, qualquer comida. Tenho ímpetos incontroláveis de comer compulsivamente, para satisfazer a dor crescente, para preencher o vazio de me sentir sozinha ao redor das pessoas que mais deveriam me amar, para aliviar a dor de ter as mesmas conversas dolorosas ano após ano após ano após ano.

Fico muito mais que faminta quando estou em casa. Fico morta de fome. Viro um animal. Fico desesperada para ser alimentada.

Capítulo 67

Venho de uma linda família. Eles são magros, estilosos, atraentes. Frequentemente, quando estou perto deles, sinto como se não pertencesse à família. Sinto que não mereço estar entre eles. Quando olho as fotos de família, o que evito assiduamente, penso: *Uma dessas coisas não é como as outras*, e é um sentimento assombroso, solitário, pensar que você não pertence justamente ao grupo de pessoas que a conhecem das maneiras mais verdadeiras, mais profundas.

Meu pai é alto, esguio e magro, com um ar distinto. Minha mãe é miúda, linda e elegante. Quando eu era criança, os cabelos dela desciam pelas costas e eram tão compridos que ela podia sentar em cima deles. Ela adora andar de salto alto. Meus irmãos são altos e atléticos, bonitos — um deles sabe disso e pode alegremente lhe contar sobre todos os seus encantos. Aí venho eu, eternamente me expandindo.

Não posso desfrutar de comida perto da minha família, mas, para ser justa, comida não é algo de que eu possa desfrutar perto da maioria das pessoas. Ser vista quando estou comendo me dá a sensação de que estou em um julgamento. Quando comemos juntos, minha família me observa. Ou eu sinto que eles estão me observando porque sou insegura em relação a isso, porque eles se *preocupam*. Ou, mais precisamente, minha família costumava me observar atentamente quando eu comia, me monitorar, tentar me controlar e consertar. Embora agora eles já tenham se resignado com esse estado do meu corpo, sempre sentirei que estão me observando, vendo tudo. Eles ainda querem *ajudar*, mesmo se me magoam. Eu aceito isso, ou tento aceitar.

E quando sou apresentada a novas pessoas que conhecem minha família, há sempre uma expressão em seus rostos, o que eu caridosamente chamo de choque. "Você é a Roxane? Foi de você que ouvi tantas coisas maravilhosas?", perguntam. Então, tenho que partir seus corações dizendo: "Sim. Eu faço, sim, parte dessa linda família".

Conheço bem a expressão. Já vi muitas, muitas vezes, em reuniões de família e comemorações. É difícil encarar. Isso acaba com qualquer fiapo de confiança que eu tenha. Isso não está na minha cabeça. Não está na minha pobre autoestima. Isso vem de anos sendo a gorda numa linda família. Por muito tempo não falei disso. Imagino que devamos guardar nossas vergonhas, mas estou farta dessa vergonha. O silêncio não funcionou muito bem.

Ou talvez essa vergonha seja de outra pessoa e eu só esteja sendo forçada a carregá-la.

Capítulo 68

Quando eu tinha dezenove anos, me assumi para os meus pais por telefone. Eu estava no deserto do Arizona, longe deles, morando com um casal que mal conhecia, com um emprego que teria escandalizado qualquer um que me conhecesse. Eu tinha pirado, literalmente. Tinha abandonado minha universidade da Ivy League e fugido, cortando todo e qualquer contato com todos que eu conhecia e amava e que me amavam. Eu estava passando por um colapso emocional, mas não tinha o vocabulário necessário para me explicar ou para entender a motivação de tais escolhas.

A penúltima mulher que amei durante meus vinte e poucos anos, Fiona, finalmente fez o grande gesto pelo qual sempre esperei depois que segui em frente, ou me convenci de ter seguido em frente, porque ela nunca me daria o que eu precisava — compromisso, fidelidade, afeição. Nós ainda éramos amigas, mas eu estava saindo com outra pessoa, Adriana, que era linda, bondosa e doida, embora nós duas também fôssemos acabar sendo incompatíveis. Adriana morava do outro lado do país e estava me visitando no Meio-Oeste. Estávamos nos divertindo. Ainda não sabíamos o pior uma da outra. Como costuma acontecer com essas coisas, algo relativo à presença temporária de Adriana na cidade fez com que Fiona percebesse que eu estava quase além de seu alcance.

Meu relacionamento com Fiona havia sido, em grande parte, silencioso. Nós passávamos o tempo todo juntas. Às vezes éramos íntimas. Conhecíamos a família uma da outra. Ela era solteira e nutria paixões e, às vezes, relacionamentos com outras mulheres e, ainda assim, eu estava ali. Nós estávamos ali. Era o suficiente, até não ser mais. E lá estava Adriana. Ela queria me dar mais e eu deixei, embora não tivesse o suficiente para retribuir-lhe.

Durante a visita de Adriana, Fiona ficava me ligando. Havia um tom de urgência em sua voz, o tom que sempre quisera ouvir. Ela *precisava* de mim e eu estava numa posição complicada, em que ser necessária era muito atraente. Num determinado momento, durante sua visita, deixei Adriana numa livraria e corri para a casa de Fiona porque ela disse que simplesmente *precisava* me ver. Eu não me lembro sobre o que conversamos, mas me lembro que quando fui buscar Adriana, eu me sentia culpada, não conseguia olhar em seus olhos.

Eu tinha adquirido o hábito de sair com mulheres que não me davam o que eu queria, que não poderiam me amar, porque eu era uma ferida aberta de carência. Eu não podia admitir isso a mim mesma, mas havia um padrão de intenso masoquismo emocional, de me atirar nos relacionamentos mais dramáticos possíveis, de precisar ser uma vítima repetidamente. Isso era algo familiar, algo que eu entendia.

Quando eles finalmente me localizaram e nós conversamos, tudo que meus pais queriam saber era o motivo do meu sumiço, porque são bons pais, que amam seus filhos vorazmente. Eles nunca abririam mão de mim, nunca. Eu era jovem demais e confusa demais para perceber o que os fiz passar. Por isso, ainda carrego arrependimento. Eu não sabia o que lhes dizer. Não podia dizer "Estou completamente arrasada e perdendo a cabeça por algo terrível que me aconteceu", mas essa era a verdade. Pensei na fé, na cultura deles. Disse-lhes o que achei que poderia finalmente romper os laços entre nós. Não que eu não quisesse meus pais na minha vida, mas eu não sabia como estar tão despedaçada e ainda ser a filha que eles achavam conhecer. Eu disparei: "Eu sou gay". Isso também me envergonha, não pela minha orientação sexual, mas pela pouca fé que eu tinha neles e pela minha visão tão distorcida do que era a minha orientação sexual.

Dizer que eu era gay não era verdade, mas também não era mentira. Eu sentia e ainda sinto atração por mulheres. Eu as acho intrigantes. Na época, eu não sabia que podia me sentir atraída por mulheres e também por homens e continuar fazendo parte desse mundo. E, naquele começo, eu gostava de sair com mulheres, de fazer sexo com elas, mas também tinha pavor de homens. A verdade é sempre confusa. Eu queria fazer tudo que estivesse ao meu alcance para eliminar da minha vida a possibilidade de voltar a estar com homens. Fracassei nisso, mas disse a mim mesma que poderia ser gay e jamais voltaria a ser ferida. Eu precisava nunca mais ser ferida.

Meus pais não ficaram contentíssimos em saber que a única filha deles era gay. Minha mãe disse que já sabia porque uma vez eu lhe dissera que queria me casar vestindo jeans. Eu não consegui enxergar a conexão. Eu esperava que meus pais virassem as costas para mim, mas não foi o que fizeram. Eles me pediram para voltar para casa, e eu não podia ir até eles, ainda não. Não podia deixar que soubessem como eu estava arrasada. Ainda assim, nós voltamos a nos falar. Alguns meses depois, voltei para casa e eles me acolheram. Por algum tempo, as coisas não estavam certas entre nós, mas não estavam erradas. E, bem depois, as coisas se ajeitaram e eles me viram como sou, e receberam as mulheres que amei na casa deles, e me amaram por quem eu sou. Percebi que esse sempre foi o caso.

A primeira mulher com quem transei era grande e linda. Ainda me lembro de seu cheiro. Sua pele era muito macia. Ela era bondosa quando eu estava faminta por bondade. Foi só coisa de uma noite, numa festa. Vários CDs tocaram durante nosso encontro. Foi uma experiência. Minha língua coça quando me lembro do nome dela. A segunda mulher com quem transei eu chamava de namorada, embora mal nos conhecêssemos. Nós nos encontramos na internet e eu fiz as malas e peguei um voo do Arizona para Minnesota para ficar com ela, no auge do inverno. Eu tinha uma mala, não tinha roupa de inverno, e fazia tanto frio que as trancas do carro dela congelaram. Eu não sabia que algo assim era possível. Ela morava num apartamento de subsolo apertado, onde eu não conseguia ficar de pé ereta por ser muito alta. Éramos ridiculamente jovens. Durou duas semanas.

Nos anos seguintes, eu saí com uma porção de mulheres terríveis de maneiras novas e diferentes. Houve a mulher que agarrou meu braço com tanta força que deixou um hematoma. Houve a mulher que gostava de ficar ao ar livre, acampar, e adorava festivais feministas de música, tudo que eu achava horrendo. Houve a mulher que me traiu e deixou a prova de sua transgressão dentro do meu carro. O banheiro de um Olive Garden estava envolvido, o que só acrescentou insulto à ferida. Houve a mulher que me disse que podia se enxergar comigo no futuro, mas não sabia como estar comigo todos os dias entre agora e aquele futuro hipotético.

Também fui terrível de maneiras novas e diferentes. Nesses relacionamentos eu era igualmente culpada, se não mais. Eu era insegura e carente demais, o tempo todo precisando da afirmação de que era amada, de que era boa o suficiente para ser amada. Eu era emocionalmente manipuladora ao tentar obter essa afirmação. Era péssima para julgar mulheres porque vivia sob a ilusão de que uma mulher não poderia me ferir, não como um homem poderia. Se uma mulher demonstrasse qualquer interesse por mim, eu era recíproca aos seus sentimentos, um reflexo visceral. Caí na armadilha perigosa de me apaixonar pela ideia de estar apaixonada. Eu queria ser desejada e necessária. Volta e meia, acabava ficando com mulheres que não poderiam ou não queriam me dar uma fração do que eu desejava. Acabava com mulheres a quem eu não poderia ou não queria dar uma fração do que elas desejavam.

Eu encenava minha homossexualidade para que pudesse acreditar nessa meia verdade que tinha contado para todo mundo e que dissera a mim mesma. Eu marchava. Eu era gay e pronto. Assim como os jovens *queer* da minha época, usava um número excessivo de anéis do orgulho LGBT, broches e afins. Cobri meu carro com adesivos. Era uma militante fervorosa de inúmeras questões sem entender inteiramente o motivo.

Para piorar as coisas, eu ainda me sentia atraída por homens, às vezes com muita intensidade. Na cama, com as minhas namoradas, por vezes fingia estar com outra pessoa, alguém com um corpo mais rijo em certas partes, mais esguio em outras. Eu dizia a mim mesma que isso era o bastante. Dizia a mim mesma que todos têm fantasias. Eu me odiava por querer homens, quando os homens haviam me ferido tanto. Dizia a mim mesma que era gay. Dizia a mim mesma que isso era tudo que eu poderia ter para não me ferir. Dizia a mim mesma que era de pedra. Por um bom tempo, eu tocava, mas não me permitia ser tocada. Eu era de pedra *e* intocável. Eu entrava em ebulição. Ficava inchada de desejo, com uma necessidade desesperada de ser tocada, de sentir a pele de uma mulher junto à minha, de encontrar a libertação pelo prazer. Até isso eu me negava. Eu me punia. Eu era de pedra. Eu não podia sangrar.

Anos depois, percebi que podia sangrar e podia fazer os outros sangrarem. No fim da visita de Adriana, voltei para casa depois de levá-la ao aeroporto, deixando-a com a promessa de que logo voltaríamos a nos ver. Foi uma promessa que cumpri, antes de quebrar outra promessa e depois partir o coração dela. Fiona tinha escrito lindas cartas dizendo tudo que sempre eu quisera ouvir dela. Sentei no meu sofá lendo suas palavras repetidamente, tremendo, porque por fim eu tinha tudo que queria dela na palma da minha mão, e porque, mesmo então, sabia que iria afastá-la. Eu só precisava pegar o telefone e digitar o número. Tudo que eu precisava fazer era dizer: "Sim".

Capítulo 69

Por muito, muito tempo, eu não soube o que era desejo. Simplesmente me concedia, concedia meu corpo a quem demonstrasse o menor interesse que fosse. Isso era tudo que eu merecia, dizia a mim mesma. Meu corpo era nada. Meu corpo era uma coisa para ser usada. Meu corpo era repulsivo e, portanto, merecia ser tratado como tal.

Eu não merecia ser desejada. Não merecia ser amada.

Nos relacionamentos, nunca me permiti dar o primeiro passo porque sabia que era repulsiva. Não me permitia iniciar o sexo. Não me atrevia a querer alguma coisa tão boa como afeição ou prazer sexual. Eu sabia que tinha de esperar até que me fosse oferecido, a cada vez. Tinha de ser grata pelo que era oferecido.

Eu entrava em relacionamentos com pessoas que me toleravam e ocasionalmente me ofereciam uma pequena afeição. Houve a mulher que me traiu e a que apunhalou meu ursinho de pelúcia favorito com uma faca de carne, a mulher que sempre precisava de dinheiro e a que tinha vergonha demais de mim para me levar às festas de seu trabalho.

Também houve homens, mas eles eram menos memoráveis e, francamente, eu já esperava que me ferissem.

Meu corpo era nada; então, eu deixava qualquer coisa acontecer ao meu corpo. Eu não tinha ideia do que eu gostava sexualmente, porque nunca me foi perguntado e eu sabia que minhas vontades não tinham importância. Eu deveria ser grata; não tinha o direito de buscar satisfação.

Amantes eram frequentemente rudes comigo, como se essa fosse a única maneira que eles compreendiam para tocar um corpo tão gordo como o meu. Eu aceitava porque não merecia delicadeza ou um toque carinhoso.

Eu era chamada de nomes terríveis e aceitava porque entendia que eu era terrível, uma coisa repulsiva. Palavras doces não eram para garotas como eu.

Fui tratada tão mal ou com tanta indiferença por tanto tempo que me esqueci como era ser bem tratada. Parei de acreditar que algo assim existisse.

Meu coração recebia ainda menos consideração do que meu corpo, então tentei trancá-lo, mas nunca fui muito bem-sucedida.

Pelo menos estou em um relacionamento, sempre dizia a mim mesma. *Pelo menos não sou tão repulsiva, tão desprezível, que ninguém queira ficar comigo. Pelo menos eu não estou sozinha.*

Capítulo 70

Não sou boa em interações românticas que não sejam furtivas e um pouco imorais. Não sei como convidar alguém para um encontro. Não sei como estimar o interesse potencial de outros seres humanos. Não sei como confiar em pessoas que demonstrem interesse em mim. Não sou a garota que "arranja um encontro" nessas circunstâncias, ou é isso que não consigo deixar de dizer a mim mesma. Estou sempre paralisada pela insegurança e pela desconfiança.

Normalmente, me forço a sentir atração por alguém que demonstra interesse em mim. É mortificante admitir isso, mas também é a verdade. Duvido que aconteça só comigo. Sempre penso: *Talvez essa seja minha última chance, minha única chance. É melhor eu fazer dar certo.*

Ter critérios ou tentar ter critérios e ater-me a eles é algo que já provou ser mais difícil do que imaginei. É difícil dizer "Eu mereço algo bom. Mereço alguém de quem eu realmente goste" e acreditar, pois estou bem acostumada a acreditar em "Mereço qualquer mediocridade que surja em meu caminho". Em nossa cultura, falamos muito sobre mudança e crescimento, mas, cara, nem de longe falamos sobre o quão difícil é. É difícil. Para mim, é difícil acreditar que sou importante e que mereço coisas boas e mereço estar perto de pessoas boas.

Também sou atormentada pela ideia de que, por não ser uma modelo magra, realmente não possuo critérios. Quem sou eu para julgar alguém cujo cumprimento é "E aí?". Essa é a mensagem literal que recebi num site de namoro. Essa questão da autoestima moldou grande parte da minha vida romântica. Meu passado é cheio de mediocridade. (Eu também tive alguns relacionamentos ótimos!) Porém, a maior parte do tempo, acabo indo parar nesses relacionamentos longos, profundamente insatisfatórios.

Mesmo quando estou num relacionamento bom, tenho dificuldade de me impor. É difícil expressar insatisfação ou ter as discussões que quero porque sinto que já estou numa posição delicada por ser gorda. É difícil pedir o que eu quero e preciso e, portanto, não peço. Eu ajo como se estivesse tudo bem e isso não é justo comigo, nem com ninguém.

Estou realmente tentando mudar esse padrão e observar as escolhas que faço e os motivos que levam a elas. Eu não quero me sentir aliviada quando termino um relacionamento. Tenho coisas a oferecer. Sou legal, engraçada e ótima em fazer pães e bolos. Já não quero mais acreditar que não mereço nada melhor do que mediocridade ou ser maltratada. Estou tentando acreditar nisso com cada célula do meu ser.

Sempre digo aos meus alunos que ficção tem a ver com desejo, de um jeito ou de outro. Quanto mais velha fico, mais entendo que a vida é geralmente a busca dos desejos. Nós queremos e queremos e, uau, como queremos. Nós somos famintos.

Capítulo 71

Às vezes eu fico com muita raiva quando penso em como a minha sexualidade foi moldada. Fico com raiva por poder traçar uma linha direta entre o primeiro menino que amei, o menino que me transformou na garota da floresta, e as experiências sexuais que tive desde então. Fico com raiva porque não quero sentir as mãos dele nos meus desejos. Eu temo que vá ser assim para sempre.

Meu primeiro relacionamento foi meu pior relacionamento. Eu era incrivelmente jovem. Meu primeiro relacionamento foi com o menino que me transformou na garota da floresta. Ele era um bom menino, de uma boa família, morando num bom bairro, mas ele me feriu das piores maneiras. As pessoas raramente são o que parecem. Quanto mais tive a chance de conhecê-lo, mais percebi que ele estava sempre mostrando quem realmente era, e as pessoas em sua vida ou não o enxergavam inteiramente, ou fechavam os olhos. Depois que aquele menino e seus amigos me estupraram, fiquei arrasada. Não parei de deixar que ele fizesse coisas comigo, e isso ainda é uma das minhas maiores vergonhas. Eu gostaria de saber o motivo. Ou eu sei. Eu estava morta, portanto, nada mais importava.

Desde então, tive muitos outros relacionamentos e nenhum deles foi tão ruim, mas o estrago estava feito. Minha trajetória estava traçada. E é uma pena que a medida seja aquilo que não é tão ruim, em vez de o que é maravilhoso e bom. Eu olho para alguns dos meus relacionamentos e penso:

Pelo menos não me batiam. Sinto gratidão pelo mínimo possível. Desde então, nunca tive um relacionamento em que tivesse de esconder hematomas não consensuais. Nunca temi pela minha vida. Nunca estive numa situação que não pudesse abandonar. Será que isso faz de mim uma garota de sorte? Pelas histórias que já ouvi de outras mulheres, sim, isso me torna uma garota de sorte.

Não é assim que devemos medir a sorte.

Eu tive bons relacionamentos, mas é difícil confiar nisso, pois o que considero bom nem sempre dá a sensação de ser bom.

Ou eu estou pensando no testemunho que ouvi de outras mulheres ao longo dos anos — mulheres compartilhando suas verdades, ousando usar suas vozes para dizer: "Isso foi o que me aconteceu. Foi assim que agiram mal comigo". Eu tenho pensado em como tantos testemunhos são exigidos de mulheres e, ainda assim, há os que duvidam de nossas histórias.

Há os que pensem que todas temos sorte porque, em seus limitados pontos de vista, ainda estamos vivas.

Estou cansada de todas as nossas histórias tristes — não de ouvi-las, mas de termos essas histórias para contar, de haver tantas.

Capítulo 72

Em um dos meus relacionamentos passados, novamente, quando eu estava na casa dos vinte, as coisas entre nós não eram boas, mas também não eram tão ruins. Era o tipo de relacionamento que me lembra que, algumas vezes, o abuso emocional é pior que o abuso físico. Não me importo em ser empurrada por aí. Não digo isso com indiferença. Há coisas para as quais simplesmente sou anestesiada. Porém essa pessoa queria me destruir, o que acabou sendo interessante, pois eu não sabia que poderia ser ainda mais destruída. Quem poderia saber? Mas sabiam, eu acho. Acho que farejam isso em mim.

Não havia nada dramático ou violento entre nós. Era simplesmente o fato de que eu enfrentava uma montanha de críticas constantes. Nada que eu fizesse nunca estava bom o suficiente. Eu tinha vinte e poucos anos e era desesperadamente insegura, então achava que todos os relacionamentos fossem assim. Achei que isso era o que eu merecia por ser tão indigna.

Eu não podia estar ao lado dos colegas dessa pessoa sem uma crítica rigorosa sobre tudo de errado comigo e que eu precisava tentar melhorar. Na maior parte do tempo, como você pode imaginar, não aparecíamos em público, porque eu simplesmente não era boa o bastante. Eu nunca tinha uma boa aparência. Falava alto demais. Respirava ruidosamente. Dormia ruidosamente. Era quente demais quando dormia. Eu me mexia demais quando dormia. Eu basicamente parei de dormir. Só me encolhia numa beiradinha da cama e ficava acordada, para que o meu sono não fosse tão incômodo. Estava sempre cansada.

Eu não lavava a louça direito. Tem um jeito certo e um jeito errado de lavar louça. Agora sei disso. "Não molhe o chão. Escorra a água do escorredor. Cuidado com o jeito como você organiza a louça no escorredor". Atualmente, uma das coisas que mais gosto de fazer é lavar louça do meu jeito antigo. Derramo água no chão e sorrio, porque a merda do chão é meu, essa é a minha louça, e ninguém liga se tiver água no chão.

Eu não comia corretamente. Comia depressa demais. Mastigava fazendo barulho. Eu sempre mastigava gelo. Não guardava as coisas direito. Não arrumava meus sapatos ao lado da porta da frente do jeito certo. Eu balançava os braços andando. Tudo isso me era dito e eu ficava tentando me lembrar dessas coisas que não devia fazer para que eu não aborrecesse tanto a pessoa simplesmente por existir. Nós caminhávamos, e eu me lembrava: *Certo, mantenha os braços nas laterais. Não balance os braços.* Eu passava o tempo todo apenas me lembrando: *Não balance os braços.* Mas aí eu me distraía e sem querer deixava meu braço mexer um ou dois centímetros e ouvia um suspiro exasperado, então, redobrava meu empenho para me tornar menos perturbadora para aquela pessoa que eu amava. NÃO BALANCE OS BRAÇOS, ROXANE. Às vezes, me flagro tentando não balançar os braços, mesmo agora, e fico com muita raiva. Fico com tanta raiva que quero sacudir os braços como se eu fosse um moinho de vento. Esses braços são meus. É assim que eu ando.

Um dia, fui a uma loja de departamento e me maquiaram. Achei que estivesse bonita. Queria ficar bonita para aquela pessoa. Comprei um monte de maquiagem para ser uma garota melhor. Fui à casa da pessoa para fazer uma surpresa e fui olhada de cima a baixo, depois ouvi o que poderia fazer para ser mais tolerável, mais apresentável. Fiquei ali, na varanda, querendo que o meu corpo se desintegrasse. Eu tinha chegado tão empolgada, tão feliz por ter ficado bonita, mas não tinha sido bom o suficiente. Eu certamente não tentei mais isso. Fui para casa, com toda a minha maquiagem cara e o meu rosto bonito, e chorei até a maquiagem sair. A maquiagem ainda está num saco amarelo, no meu closet. Às vezes, eu a tiro de lá e olho, mas não me atrevo a usá-la.

Quando sou maquiada para participações na televisão — quando estou promovendo um livro ou quando pedem que eu comente sobre cultura pop ou sobre o clima político —, parece que estou usando uma máscara que não tenho o direito de usar. A maquiagem parece muito mais pesada do que realmente é. Tenho a sensação de que as pessoas estão me encarando, rindo de mim por me atrever a pensar que posso fazer alguma coisa para me tornar mais apresentável. Lembro-me de como me senti na única vez em que tentei ficar bonita para alguém, como não foi o bastante. Na primeira chance que tenho, esfrego e tiro toda a maquiagem. Eu escolho viver com a minha própria pele.

Eu nunca seria boa o bastante, mas tentei muito. Tentei ser melhor. Tentei me tornar aceitável para alguém que nunca me acharia aceitável, mas me mantinha por perto por motivos que nem posso começar a tentar entender. Eu ficava porque a pessoa confirmava todas as coisas terríveis que eu já sabia sobre mim. Eu ficava porque achava que ninguém mais poderia tolerar alguém tão imprestável quanto eu. Ficava, mesmo com a infidelidade e o desrespeito. Fiquei até que não me quisessem mais por perto. Eu gostaria de pensar que eu teria ido embora em algum momento, mas sempre queremos pensar o melhor de nós mesmos, não é?

Mas sou uma garota de sorte. Acho que a maioria das minhas histórias tristes ficou para trás. Há coisas que não vou mais tolerar. Ficar sozinha é uma droga, mas prefiro ficar sozinha a estar com alguém que faz com que eu me sinta mal. Estou percebendo que não sou imprestável. Saber disso é bom. Minhas histórias tristes sempre existirão. Vou continuar a contá-las, embora eu deteste tê-las para contar. Essas histórias tristes sempre terão peso em mim, embora esse fardo fique mais leve quando percebo quem eu sou e o valor que tenho.

Capítulo 73

A verdade, porém, é que a solidão, assim como a perda de controle do meu corpo, é uma questão de acúmulo. Doze anos vivendo em lugares muito rurais, uma vida inteira de timidez, inaptidão social e isolamento, essas coisas fazem com que a solidão vá aumentando, aumentando, até às vezes me envolver. É uma companheira constante e indesejável.

Por muito tempo, eu me fechei para tudo e para todos. Coisas terríveis aconteceram e tive de me fechar para sobreviver. Disseram-me que eu era fria. Sempre escrevo histórias sobre mulheres que são vistas como frias e ressentem-se com essa percepção. Escrevo sobre essas mulheres porque sei como é ter tanta ternura sob a superfície, pronta para ser descoberta.

Não sou fria. Nunca fui. Minha ternura estava escondida longe de tudo que pudesse me ferir porque eu sabia que não possuía a estrutura emocional para suportar ser ferida novamente naqueles lugares protegidos.

Minha ternura estava escondida, até que encontrei as pessoas certas com quem a compartilho, pessoas em quem pude confiar — amigos de pós-graduação, amigos que conheci através da comunidade de escritores logo que comecei, as pessoas que sempre estiveram dispostas a me ver e me aceitar exatamente como sou.

Não sou promíscua com minha ternura, porém, quando a compartilho, minha ternura pode ser tão quente quanto o sol.

Capítulo 74

Parte do motivo pelo qual relacionamentos e amizades podem ser tão difíceis para mim é a existência de uma parte minha que acha que preciso fazer tudo certo. Eu tenho que dizer as coisas certas e fazer as coisas certas, ou não vão gostar de mim, ou não serei mais amada. É estressante, então mergulho numa tentativa elaborada de ser a melhor amiga ou namorada, e vou me distanciando cada vez mais de quem realmente sou, alguém com um bom coração, mas também alguém que pode nem sempre fazer tudo certo. Eu me vejo me desculpando por coisas que não lamento nem um pouco. Vejo que me desculpo por quem sou.

E mesmo quando estou com pessoas boas, bondosas, amorosas, não confio nessa bondade, nessa gentileza, nesse amor. Receio que, cedo ou tarde, eles farão com que a minha perda de peso seja condição para sua afeição contínua. Esse medo me faz tentar acertar com mais afinco, como se eu estivesse resguardando as minhas apostas.

Tudo isso me torna muito dura comigo mesma, muito determinada. Eu só continuo trabalhando, trabalhando e trabalhando, e tentando ser correta, e perco a visão de quem sou ou do que quero, o que me deixa num lugar menos que ideal. Isso me deixa... suspensa.

Com a idade vem a compreensão de si mesmo e, portanto, procuro ficar atenta em relação a padrões de comportamento, escolhas que estou fazendo, onde estou tentando com afinco demais, me concedendo demais, me esforçando demais para fazer certo, sendo que o certo é o que outra pessoa quer que eu seja. Mas é assustador tentar ser você mesmo e torcer para que você seja suficiente. É assustador acreditar que você, do jeito que é, pode ser suficiente.

Há, no entanto, uma ansiedade em ser você mesmo. Existe a pergunta que assombra, um "e se?" que está sempre no ar. E se o que sou nunca for suficiente? E se eu nunca for certa o suficiente para alguém?

Capítulo 75

Meu corpo gordo autoriza pessoas a apagarem meu gênero. Sou uma mulher, mas não me veem como tal. Sou frequentemente confundida com um homem. Sou chamada de "senhor" porque as pessoas olham para o meu porte e ignoram meu rosto, meus cabelos arrumados, meus seios bem amplos e outras curvas. Fico incomodada por ter meu gênero apagado, por não ser vista a olho nu. Sou uma mulher. Sou grande, mas sou uma mulher. Eu mereço ser vista como tal.

Nós temos ideias muito limitadas sobre feminilidade. Quando você é alta e larga — e bem, acho que as tatuagens não ajudam —, frequentemente se apresenta como uma "não mulher". A raça também tem seu papel nisso. Mulheres negras raramente têm permissão para reconhecer sua feminilidade.

Também há uma verdade que reside mais fundo. Por muito tempo, usei apenas roupas masculinas. Eu queria muito me apresentar como machona, pois entendia que parecer uma mulher era um convite aos problemas, ao perigo e à mágoa. Eu habitei uma identidade machona porque isso me dava uma sensação de segurança. Isso me provia algo semelhante ao controle sobre meu corpo e sobre como meu corpo era assimilado. Era mais fácil me deslocar pelo mundo. Era mais fácil ser invisível.

Em relacionamentos com mulheres, me apresentar como machona significava que eu não precisava ser tocada. Eu podia fingir que não queria ser tocada e me manter segura. Eu podia ter mais do controle que constantemente desejo.

Foi um porto seguro, até que percebi que estava interpretando um papel, em vez de habitar uma identidade que me parecesse verdadeira. As pessoas me viam, mas não me viam.

Comecei a me desvencilhar dessa identidade, mas as pessoas continuaram a enxergar somente o que queriam. Atualmente, as pessoas que confundem meu gênero não o fazem porque percebem uma estética *queer*. Elas o fazem porque não me enxergam, não enxergam meu corpo como algo que deve ser tratado e considerado com cuidado.

Capítulo 76

O corpo não é uma fortaleza, não importa o que façamos para torná-lo uma. Essa pode ser uma das maiores frustrações da vida, ou seria uma das maiores humilhações? Passo muito tempo pensando sobre corpos e limites e como as pessoas são obstinadas em ignorar esses limites a todo custo. Não sou de ficar abraçando. Nunca fui e nunca serei. Eu abraço meus amigos e o faço com alegria, mas sou econômica com demonstrações de afeto. Um abraço significa algo para mim; é um ato de profunda intimidade; portanto, tento não ser muito promíscua em relação a isso.

Além disso, acho estranho me abrir, permitir que as pessoas me toquem, abram uma brecha em minha fortaleza.

Quando digo a estranhos que não sou de ficar abraçando, alguns encaram isso como um desafio, como se pudessem me levar à submissão apenas com abraços, como se pudessem afastar minha aversão a esse tipo de contato com a força de seus braços. Frequentemente, pessoas me puxam para si, dizendo algo condescendente como: "Está vendo, não é tão ruim assim". Eu penso: *Nunca achei que fosse*, e fico ali, de pé, com os braços caídos nas minhas laterais, provavelmente fazendo uma careta, mas, ainda assim, eles não entendem o recado de que não estou de acordo com aquele abraço. A fortaleza foi violada.

Em leituras dos meus livros, fãs ávidos sempre pedem abraços, e eu ofereço a minha mão direita dizendo: "Não dou abraços, mas dou apertos de mão", e o rosto delas murcha de decepção, como se me abraçar fosse uma moeda necessária para a atenção deles. Ou dizem: "Eu sei que você não gosta de abraços, mas vou abraçá-la, de qualquer jeito", e tenho que desviar do corpo delas da maneira mais educada possível.

Por que encaramos os limites que as pessoas criam para si mesmas como desafios? Por que vemos algo que impõe um limite e o forçamos? Uma vez eu estava num restaurante com um grupo grande de pessoas e a garçonete sempre me tocava. Era algo muito irritante porque eu não quero ser tocada daquele jeito, a menos que estejamos num relacionamento sexual. Toda vez que ela passava, afagava meus ombros ou passava a mão no meu braço, e fui ficando cada vez mais irritada, mas não disse nada. Nunca digo. Será que meus limites existem se não os verbalizo? Será que as pessoas não podem enxergar meu corpo, a massa dele, como um limite bem grande? Será que elas não sabem quanto empenho foi depositado nisso?

Pelo fato de não ser uma pessoa dada ao toque, eu sempre sinto um ligeiro choque — na verdade, uma surpresa — quando minha pele entra em contato com a de outra pessoa. Às vezes, esse choque é agradável, tipo, *Oh, aqui está o meu corpo no mundo*. Às vezes, não é. Eu nunca sei como será.

Capítulo 77

Quase sempre me sinto desesperançosa. Eu desisto. Não posso me superar, nem ao meu corpo, essas centenas de quilos escondendo meu corpo. Acho que é mais fácil ser infeliz, permanecer atolada na autoaversão. Não me odeio da maneira como a sociedade espera que eu o faça, até que tenho um dia ruim e então passo a me odiar. Eu me enojo. Não consigo suportar minha fraqueza, minha inércia, minha incapacidade de superar meu passado, de superar meu corpo.

Essa desesperança é paralisante. Fazer exercícios, comer bem e tentar me cuidar começam a parecer atividades fúteis. Olho para o meu corpo, vivo em meu corpo e penso: *Nunca conhecerei nada além disso. Nunca conhecerei nada melhor que isso.*

Aí, penso: *Se eu sou realmente infeliz, se minha vida é realmente tão difícil, por que ainda não faço nada?*

Com frequência, eu me olho no espelho e tudo que consigo me perguntar é: *Por quê? O que será preciso para que você encontre forças para mudar?*

Capítulo 78

Uma das muitas coisas que sempre amei na escrita (não confundir com a publicação) é que você só precisa de imaginação. Não importa quem você seja, pode escrever. Sua aparência, principalmente, não importa. Como uma pessoa naturalmente tímida, eu adorava o anonimato da escrita antes de minha carreira decolar. Adorava como minhas histórias não ligavam para o meu peso. Quando comecei a publicar aqueles escritos, eu adorava que, para os meus leitores, o que importava eram as palavras na página. Através da escrita, finalmente pude ganhar respeito pelo meu conteúdo.

Isso mudou quando comecei a ganhar fama nacional, participar de turnês editoriais, aparecer na televisão. Perdi meu anonimato. Não que minha aparência importasse, mas minha aparência importava.

Uma coisa é escrever como se você não tivesse pele. Outra, completamente diferente, é quando uma fotografia entra na história. Eu preciso ser fotografada frequentemente, e isso faz com que eu me retraia. Cada parte de mim fica exposta à câmera. Não há como esconder a verdade sobre mim. Geralmente há vídeos e, nessas ocasiões, minha verdade, minha gordura, é amplificada. Conforme minha carreira decolava, minha visibilidade explodia. Há fotos minhas por toda parte. Eu estive na MSNBC, na CNN e na PBS. Quando certos tipos de pessoas me veem na televisão, tiram um tempo para me mandar um e-mail ou comentar no Twitter ou me dizer que sou gorda, ou horrível, ou gorda *e* horrível. Fazem memes de mim com dizeres como "Típica Feminista" ou "A Mulher Mais Horrenda do Mundo". Às vezes, alertas do Google me direcionam a um fórum de ativistas pelos direitos dos homens ou de conservadores babacas que se divertem insultando minha aparência, com uma foto minha de algum evento ou revista. Supostamente não devo me importar. Devo dar de ombros. Devo me lembrar que o tipo de pessoa que faz isso está abaixo da minha consideração. Devo me lembrar que o que eles realmente detestam são eles mesmos.

Quando eu estava fazendo a divulgação de *Má feminista*, fui entrevistada pela *New York Times Magazine*. Eles precisavam de uma fotografia para acompanhar a entrevista e não estavam interessados na minha foto-padrão ou numa foto qualquer, feita com meu telefone. Fui para Nova York e participei de uma sessão de fotos, num estúdio fotográfico de alto nível, onde a recepcionista — uma jovem alta e ágil, obviamente fazendo bicos paralelos de modelo — me ofereceu água e café enquanto eu esperava.

Na revista, eles usaram uma foto minha de corpo inteiro, da cabeça aos pés. Estou olhando para a câmera e pensando: *Esse é o meu corpo. Essa é a minha aparência. Não fique tão surpreso.* Esse é o tipo de foto que sempre evito, como se, de alguma forma, eu pudesse me separar do meu corpo se fosse fotografada apenas da cintura para cima ou do pescoço para cima. Como se eu pudesse esconder a verdade a meu respeito. Como se eu devesse esconder a verdade a meu respeito.

O fotógrafo era encantador e bonito. Ele e a esposa estavam reformando a casa em Hudson Valley. Eu soube disso porque ele se desculpou por não poder participar do meu evento naquela noite. Nem sei como ele sabia sobre o meu evento. Ele me perguntou se eu gostaria de retocar minha maquiagem, mas eu não estava usando maquiagem nenhuma, então apenas sorri e disse: "Esse é meu rosto". Antes de começarmos, ele me perguntou que música eu gostaria de ouvir e eu disse "Michael Jackson", porque foi o que me veio à cabeça. Depois de alguns instantes, Michael Jackson começou a tocar nas caixas de som e eu me senti no meio de um filme.

As coisas só foram ficando mais surreais. O fotógrafo tinha dois assistentes que lhe entregavam a câmera ou a lente que ele quisesse. Ele me disse onde ficar e como posar. Ele queria que eu me soltasse, mas não sou boa em me soltar com uma câmera apontada em minha direção. Acabei pegando o jeito e dei um ou dois sorrisos. Comecei a me sentir descolada, como se eu estivesse vivendo meu momento. Então, lembrei-me do que aconteceria quando essas imagens fossem publicadas. Eu sabia que iriam debochar de mim, me humilhar e degradar, só por eu existir. E, de repente, o momento passou.

No começo, quando havia poucas fotos minhas disponíveis na internet, eu aparecia num evento e os organizadores sempre olhavam e nem me viam. Em um evento, uma reunião de bibliotecários, um homem perguntou se eu precisava de ajuda e eu disse: "Bem, sou a palestrante principal". Ele arregalou os olhos, ficou com o rosto vermelho e gaguejou: "Ah, tudo bem, sou eu quem você deve procurar". Ele não foi a primeira pessoa a ter esse tipo de reação, nem será a última. As pessoas não esperam que o autor que irá falar em seu evento tenha a minha aparência. Elas não sabem como esconder o choque quando percebem que um autor razoavelmente bem-sucedido está tão acima do peso. Essas reações magoam, por muitos motivos. Elas ilustram como pensam a respeito de pessoas gordas, como presumem que não somos nem inteligentes, nem capazes, se temos um corpo tão indisciplinado.

Fico incrivelmente estressada antes de eventos. Receio que irei me humilhar de alguma maneira — talvez não haja uma cadeira em que eu caiba ou, talvez, não consiga ficar de pé durante uma hora, e minha cabeça vai divagando incessantemente.

E, às vezes, meus piores temores se tornam realidade. Quando estava em turnê literária para a divulgação de *Má feminista*, participei de um evento na cidade de Nova York, na Housing Works Bookstore, para celebrar o quinquagésimo aniversário da Harper Perennial.

Havia um palco, de dois ou três palmos acima do chão, e não havia degraus para subir. No instante em que o vi, soube que haveria problema. Quando chegou a hora do início do evento, os autores com quem eu estava participando facilmente subiram no palco. E então, foram cinco minutos excruciantes enquanto eu tentava subir também, com centenas de pessoas na plateia olhando, sem jeito. Alguém tentou ajudar. Um gentil escritor que estava no palco, Ben Greenman, me puxou para cima, enquanto eu usava todos os músculos das minhas coxas. Às vezes, meu corpo é uma jaula das maneiras mais óbvias. Fui consumida por uma intensa autoaversão nos dias seguintes ao evento. Às vezes tenho um *flashback* da humilhação daquela noite e até estremeço.

Depois de me arrastar para cima do palco, sentei-me numa cadeirinha de madeira e ela rachou e me dei conta: *Eu vou vomitar* e *Eu vou cair de bunda na frente dessa gente toda*. Depois da humilhação que eu tinha acabado de passar, percebi que teria de ficar em silêncio pelos dois motivos. Regurgitei em minha boca e engoli, e depois fiquei agachada pelas duas horas seguintes. Não sei como não caí em prantos. Eu queria sumir daquele palco, daquele momento. A verdade sobre a vergonha é que há níveis dela em diferentes profundidades. Não tenho ideia de onde fica o fundo da minha vergonha.

Até a hora de voltar ao meu quarto de hotel, os músculos da minha coxa estavam em frangalhos, mas eu também estava impressionada pelo quanto são fortes esses músculos. Meu corpo é uma jaula, mas essa jaula é minha, e há momentos em que tenho orgulho dela. Ainda assim, sozinha, no quarto do hotel, chorei e chorei. Eu me sentia muito indigna e constrangida. Palavras não podem expressar. Eu chorava porque estava zangada comigo, com os organizadores do evento e sua incapacidade de prever o incidente. Chorava porque o mundo não consegue acomodar um corpo como o meu, porque eu detesto ser confrontada pelas minhas limitações, porque eu me sentia profundamente sozinha e porque já não preciso mais das camadas de proteção que ergui ao meu redor, mas puxar essas camadas de volta é mais difícil do que jamais imaginei.

Capítulo 79

Há um preço a ser pago pela visibilidade, e o valor é ainda maior quando você é hipervisível. Eu sou cheia de opiniões e, como crítica cultural, regularmente as compartilho. Sou confiante quanto aos meus pontos de vista e acredito que tenho o direito de compartilhar minha visão sem me desculpar. Essa confiança tende a aborrecer pessoas que discordam de mim. Raramente são minhas ideias que de fato estão envolvidas. Em vez disso, meu peso é discutido. "Você é gorda", dizem. Ou, por exemplo, se compartilho que adoro elefantinhos em minha biografia do Twitter, eles fazem uma piada de elefante em que o elefante sou eu, é claro.

Quando estava numa turnê de divulgação na Suécia, mencionei no Twitter que os suecos têm sua própria versão de *The Biggest Loser*. Um estranho qualquer sugeriu que eu era a exportação americana para o programa. Os assédios são constantes, independentemente de eu estar falando algo sério ou trivial. Nunca tenho permissão para me esquecer das realidades do meu corpo, de como meu corpo ofende as sensibilidades dos outros, de como meu corpo se atreve a ocupar tanto espaço e como eu me atrevo a ser confiante, e como me atrevo a usar minha voz, como me atrevo a acreditar no valor de minha voz tanto apesar do meu corpo quanto *por causa* dele.

Quanto mais sucesso alcanço, mais sou lembrada de que, na mente de um bocado de gente, eu nunca serei nada além do meu corpo. Independentemente do que eu realize, serei gorda, em primeiro lugar.

Capítulo 80

Durante o início da minha vida adulta, eu estava falida. Eu me lembro dos empréstimos com juros exorbitantes. Havia muito macarrão instantâneo. Eu punha cinco pratas de gasolina quando abastecia. Meu telefone foi cortado. Nada de plano de saúde durante anos e raras idas ao médico. Eu tive de fazer uma tomografia computadorizada, nem me lembro do motivo, e levei anos para pagar. Não fui ao dentista durante anos. Essa não é uma história triste, porque eu tenho sorte. Isso é simplesmente a vida e, francamente, até que foi uma moleza em termos de conforto material. Sou privilegiada. Sempre fui. Tive uma rede de segurança porque meus pais jamais me deixariam passar fome ou ficar sem teto, mas eu estava por minha conta, como um adulto deve estar, e com frequência estive muito, muito dura. Eu estava escrevendo e não havia ninguém interessado naquela escrita. Agora eu sei que estava apenas começando a pôr a mão na massa. Ainda estou, claro, mas naquela época estava apenas começando a descobrir como usar minha voz, tanto na ficção quanto na não ficção. Eu tinha muito a aprender, por isso escrevia, escrevia e escrevia, e lia, e lia, e lia, e lia, e torcia. Eu estudava, depois trabalhava, e fui arranjando empregos cada vez melhores, e depois estudava mais e mais, e fui me tornando uma escritora melhor e melhor e, bem lentamente, uma pessoa melhor. Fiquei menos falida e então fiquei bem, não ganhando muito, mas tenho dinheiro suficiente para sempre cuidar do meu negócio. Nos últimos nove anos, me mudei duas vezes, e mudança custa caro, mas eu consegui pagar. Da última vez em que estive em meu apartamento vazio antes de ir embora, caí em prantos. Isso não é uma coisa que costumo fazer. Eu me permiti sentir tudo. Eu me permiti reconhecer o quanto tinha progredido. Isso não é me gabar. Isso é um atlas.

Durante os primeiros anos da minha vida adulta, minha vida pessoal era uma confusão total. Total. Eu nunca mais serei tão problemática porque cresci e finalmente passei a dar algum valor a mim mesma, para evitar me queimar de novo naquele tipo de fogo. Ainda sou uma bagunça, porém, agora, um tipo diferente de bagunça. Eu geralmente consigo identificar o tipo de confusão e de onde está vindo. Estou aprendendo a pedir ajuda, devagar. Estou aprendendo muitas coisas.

Meus olhos estão bem abertos. Eles estão preparados para qualquer coisa que possam ver.

Procuro manter todos esses sentimentos em um lugar seguro, um lugar caprichosamente controlado, pois é lá que sempre deverão ficar. E há também a intensidade do anseio. Ímpetos brutos. Devoradores. Esmagadores. Ternura e voracidade, ambos. Possessão. O controle é uma mentira. O controle foi estilhaçado. Alguém encontrou o caminho para minha ternura. Pegaram meu atlas nas mãos. Traçam as linhas selvagemente arqueadas do começo ao fim.

VI

Capítulo 81

Eu vou ao médico tão raramente quanto possível porque, quando vou, seja para uma unha encravada ou um resfriado, eles só conseguem diagnosticar meu corpo. Fui a uma clínica de emergência para ver minha dor de garganta e observei o médico escrevendo no campo do diagnóstico primeiro "obesidade mórbida" e depois, "faringite".

Os médicos geralmente aderem ao Juramento de Hipócrates, em que juram seguir um código ético, atuando pelo melhor interesse de seus pacientes. A menos que o paciente tenha sobrepeso. Detesto ir ao médico porque eles parecem totalmente indispostos a seguir o Juramento de Hipócrates ao tratarem pacientes obesos. As palavras "não causar nenhum dano" não se aplicam a corpos indisciplinados.

Existe a humilhação de simplesmente estar no consultório médico que, em geral, é mal equipado para o corpo obeso, apesar de toda a histeria pública sobre obesidade e saúde. Muitas balanças não suportam pacientes com mais de 150 kg. Os aparelhos de medição de pressão geralmente são pequenos demais, assim como as camisolas hospitalares. É difícil subir na mesa de exame. É difícil deitar, ficar vulnerável, escancarada.

Existe a humilhação da balança, de confrontar aquele número ou confrontar uma balança que não pode suportar meu tamanho. E, é claro, existe a performance de tentar obter meu peso "real", tirando os meus sapatos e desejando que eu pudesse tirar toda minha roupa, cortar meu cabelo, ter meus órgãos vitais e meu esqueleto removidos. Então, talvez, eu estivesse disposta a ser pesada, medida, julgada.

Quando uma enfermeira me pede para subir na balança, geralmente declino e digo a ela que sei quanto peso. Digo que estou feliz em compartilhar esse número com ela. Porque quando de fato subo na balança, poucas enfermeiras conseguem esconder seu desdém ou sua aversão no momento em que meu peso aparece no leitor digital. Ou então elas olham para mim com pena, o que é quase pior, pois meu corpo é simplesmente meu corpo, não algo que exige pena.

Na sala de exame, mantenho os punhos bem fechados. Estou de guarda, pronta para a briga e, realmente, tenho que brigar pela minha dignidade, pelo direito ao tratamento médico básico.

Pelo fato de os médicos conhecerem os desafios que um corpo obeso pode enfrentar, eles ficam surpresos por eu não ser diabética. Ficam surpresos em saber que não tomo uma centena de medicações. Ou não ficam surpresos em saber que tenho pressão alta. Eles olham o número e fazem uma séria recomendação sobre a importância de perder peso e voltar a ter controle sobre os números. É quando eles ficam mais felizes, quando podem usar sua experiência para me forçar a disciplinar meu corpo.

Como resultado, não vou ao médico, exceto quando é absolutamente necessário, embora agora eu tenha um bom plano de saúde e sempre tenha tido o direito de ser tratada de forma justa e gentil. Não vou ao médico, apesar de ter tido um diagnóstico de doença estomacal crônica há mais de dez anos que, às vezes, se torna debilitante. Os médicos deveriam primeiro evitar causar algum dano, mas, no caso de corpos gordos, a maioria dos médicos parece fundamentalmente incapaz de seguir seu juramento.

Capítulo 82

Em 10 de outubro de 2014, um dos meus maiores temores se realizou. Eu estava em meu apartamento, fazendo comentários sobre as histórias do aluno universitário cuja tese eu estava orientando. Havia passado a semana inteira tendo dores de estômago, mas costumo ter essas dores sempre, por isso dei pouca atenção. Acabei indo ao banheiro e tive uma onda de dor muito intensa. *Eu preciso deitar*, pensei. Quando voltei a mim, eu estava no chão, toda suada, mas me sentia melhor. Então, olhei para o meu pé esquerdo, que estava virando num ângulo estranho, com o osso quase espetado para fora da pele. Eu percebi: *Isso não é bom*. Fechei os olhos. Tentei respirar, não entrar em pânico, não pensar em tudo que viria a seguir. Ao mesmo tempo, havia uma crise hidráulica, mas eu não podia lidar com isso e meu pé machucado, então apenas deixei o problema de encanamento de lado.

Quando você é gordo, um dos seus maiores medos é cair quando está sozinho e precisar chamar um serviço de emergência. Esse é um medo que alimentei durante anos, e quando quebrei meu tornozelo, aquele medo finalmente se tornou realidade.

Ainda bem que, naquela noite, eu estava com o telefone no meu bolso, então, me arrastei até a entrada do banheiro, torcendo para ter sinal. Meu pé estava começando a doer, mas nem de longe como achei que doeria, baseada nos anos assistindo a dramas médicos como *Chicago Hope*, *ER* e *Grey's Anatomy*.

Eu estava em Lafayette, Indiana, uma cidadezinha; portanto, o telefone de emergência foi atendido imediatamente. Enquanto estava ao telefone com o gentil telefonista, soltei: "Eu sou gorda", como se isso fosse uma marca profunda e vergonhosa. E ele disse, suavemente: "Isso não é problema".

Muitos técnicos de emergência e 83% deles eram gatos. Eles eram gentis e cheios de empatia, e se retraíam sempre que olhavam para o meu pé. Acabaram colocando uma tala, me arrastaram para fora num aparelho e me ergueram numa maca de rodinhas, e dali em diante foi tudo bem. Eles tiveram dificuldade para encontrar uma veia, então acabei ficando com uma porção de hematomas em muitos lugares errados. Enquanto eu esperava pelo socorro, mandei uma mensagem para a pessoa com quem me relacionava, avisando que havia me acidentado. Não quis fazer alarde, mas aos poucos fui percebendo que eu realmente havia me machucado.

No hospital, passei por radiografias e o técnico disse: "Seu tornozelo está bem, bem quebrado", o que não deve ser confundido, acho, com simplesmente quebrado. Meu tornozelo também estava deslocado. Eles não podiam operar naquela noite, então tiveram que realinhar meu pé. Isso é exatamente tão horripilante quanto você acha que é. Eles me deram fentanil, aquilo que Michael Jackson tomava para dormir, e me disseram que eu não me lembraria de nada. Estavam certos. Quando recobrei a consciência, perguntei: "Vocês vão fazer o procedimento agora?". Recebi um agradável afago na perna. Fiquei grata à indústria farmacêutica por isso.

Havia outras duas coisas estranhas acontecendo. Meu coração batia num ritmo irregular, e acho que isso acontecia havia anos, e eu tinha uma contagem bem baixa de hemoglobinas. Eles não iam me mandar para casa; então, me puseram num quarto onde eu ficaria por dez dias. Minha bunda ficou tão dolorida que eu queria que fosse removida cirurgicamente. Eu quase não dormia, especialmente no começo, por isso, meu estado mental não estava muito bom. De tempo em tempo, as enfermeiras verificavam meus sinais vitais e me cutucavam e faziam outras coisas comigo. Detesto ser tocada, então isso foi particularmente divertido. Eles tinham, graças a Deus, camisolas hospitalares bem grandes, mas isso foi um consolo bem pequeno. Há muitas coisas indignas quando se está impotente.

Naquele hospital, em particular, eles verificavam os sinais vitais às 23h, às 3h e às 7h, portanto, não sei bem quando o sono devia acontecer. Eles também mediam ao longo do dia. Eu aprendi muito sobre as rotinas hospitalares durante aqueles dez dias. Basicamente, tornei-me uma especialista. No quarto ao lado, havia uma mulher que dizia "oi" a cada vinte e poucos segundos. Ela gostava de arrancar o acesso venoso e só arranjava confusão. Era idosa e eu me sentia mal por ela, porque acho que ninguém a visitou por toda a minha estada. Eu não tive tanta sorte.

Na noite do acidente, mandei uma mensagem para minha cunhada e meu irmão, que na época moravam em Chicago, e disse "NÃO CONTEM PRA MÃE E PRO PAI", porque eu sabia que meus pais entrariam em pânico. Claro que eles contaram para minha mãe e para meu pai. Meus pais entraram mesmo em pânico. Meu irmão e a esposa alugaram um carro e foram me visitar. O primeiro dia foi um emaranhado de dor e confusão. O cirurgião ortopedista não podia me operar por conta do baixo índice de hemoglobina, então recebi minha primeira transfusão de sangue. Fiquei maravilhada com a rapidez com que o sangue de outra pessoa subitamente estava dentro de mim. Também gostei que o cirurgião ortopedista fosse incrivelmente atraente, ele sabia disso e tinha o rebolado de um homem que era muito bom no que faz e muito bem remunerado por isso. Era um sábado.

No domingo, recebi outra transfusão, então estava carregando o sangue de pelo menos duas outras pessoas. Depois, o cirurgião decidiu operar porque o tornozelo estava insustentável. Quando me levaram para a sala de cirurgia, eu disse à anestesista que ela deveria me apagar bem porque eu tinha assistido ao filme *Awake*. Ela sacudiu a cabeça e disse: "Eu detesto aquela porcaria de filme". Eu disse a ela que compreendia, pois filmes sobre escritores são todos péssimos. Entretanto, reforcei: "Mas, mesmo assim, garanta que eu esteja bem adormecida".

Enquanto tudo isso estava se passando, eu me comunicava com minha companheira por telefone, via mensagem de texto. Ela estava tendo um ataque do jeito mais calmo possível. Queria estar no hospital comigo, mas as circunstâncias tornavam isso impossível. Ela estava lá de todas as maneiras importantes, e eu ainda sou grata por isso.

Na sala de cirurgia, não me lembro de nada, fora a máscara de oxigênio descendo sobre meu rosto. Acordei em outra sala e vi uma senhora me encarando, e eu não queria que ela me olhasse, então disse: "Pare de olhar para mim". Aí apaguei de novo. Ouvi do meu irmão que a cirurgia tinha ido bem, mas meu tornozelo estava ainda mais quebrado do que o médico tinha pensado. Um tendão fora rompido, mais isso e aquilo. Agora tenho umas placas no tornozelo. Agora sou um ciborgue.

Minha sobrinha, de quem sou muito próxima, me olhava desconfiada depois da cirurgia. Ela estava com dois anos e não ficou fã do gesso imenso que eu tinha na perna esquerda. Ela me deu um beijinho muito relutante e foi cuidar da vida. Ela também não gosta de camas de hospital, mas gostou muito da cadeira de rodas no canto do meu quarto. Quando voltei para o meu quarto após a cirurgia, meus pais magicamente surgiram, trazendo minha outra cunhada, minha sobrinha e meu primo junto com seu parceiro. Quer dizer, levaram a vila inteira. Eu fui lembrada, mais uma vez, de que sou amada.

Ao longo dos dez dias, ouvi outras pessoas roncando ruidosamente, emitindo rosnados. A temperatura variava muito. Fiquei com o intestino preso. Queria desesperadamente tomar um banho, mas não podia. Em vez disso, eu era banhada por técnicas de enfermagem que portavam coisas como xampu seco e lenços umedecidos do tamanho de toalhas grandes. Eles me deram drogas ótimas e dessa parte eu gostei muito. Eu tinha de enfrentar a gravidade da minha lesão e o fato de que ficaria fora de circulação por um bom tempo. Tive que cancelar alguns eventos e desapontar pessoas, mas precisaria ficar presa em casa por seis semanas. Combinei com a universidade de lecionar pela internet enquanto me recuperava.

Fui muito bem cuidada pela equipe médica, mas eles não eram bons comunicadores. Eu me transformei numa massa pulsante de medo, solidão e carência, embora raramente ficasse sozinha por muito tempo. Tudo estava fora do meu controle e eu adoro controle, portanto, todos os meus gatilhos estavam sendo acionados ao mesmo tempo.

Fiquei absolutamente aterrorizada em ter que passar por uma cirurgia. Percebi que ainda tenho muita vida para viver. Eu não queria morrer. Pensei, *Eu não quero morrer*, e foi um pensamento estranho porque eu nunca havia desejado tanto viver quanto naquele momento, quando tive de enfrentar a minha mortalidade de um jeito tão específico. Comecei a pensar em todas as coisas que eu ainda queria fazer, as palavras que ainda queria escrever. Pensei nos meus amigos, na minha família, na mulher que eu amava.

Não lido muito bem com o medo. Tento afastar as pessoas que amo. Receio que eu não tenha permissão para possuir fraqueza humana, que isso me faça insuficientemente boa.

Eu não estava na minha melhor forma durante a estada no hospital porque muita coisa estava fora do meu controle e a droga da cama era curta demais, a camisola hospitalar não me deixava segura, eu não podia tomar banho, não conseguia me mexer direito e não estava comendo porque a comida do hospital era nojenta. Não sou muito de chorar, então, durante vários dias, não caí em prantos, até uma manhã em que o médico me disse que eu não voltaria para casa tão cedo.

Tentei não me debulhar em lágrimas. Tentei chorar de um jeito comportado, como as moças delicadas fazem nos filmes, mas... Eu não sou uma moça delicada. Quando uma enfermeira botava a cabeça para dentro do quarto, eu esfregava os olhos e mordia meu lábio inferior para parecer austera, mas quando ela ia embora eu começava a chorar de novo. Eu resmungava um monte de lamentações. Foi um ponto baixo, dentre muitos.

Todos ficaram muito preocupados comigo quando quebrei meu tornozelo e isso me deixou confusa. Tenho uma família imensa e amorosa e um círculo sólido de amigos, mas essas coisas eram meio que abstratas, algo que eu tinha subestimado, então, de repente, não era mais abstrato. Tinha gente me ligando todo dia e debruçada por cima de mim na cama de hospital, e mandando coisas para me alegrar. Foram muitas mensagens e e-mails preocupados, e eu tive de enfrentar algo que por muito tempo fingi não ser verdade, por motivos que não compreendo inteiramente. Se eu morresse, deixaria pessoas que sofreriam ao me perder. Eu finalmente reconheci que sou importante para as pessoas na minha vida e que tenho a responsabilidade de ser importante para mim, de me cuidar, para que eles não tenham que me perder antes da hora, para que eu possa ter mais tempo. Quando quebrei meu tornozelo, o amor deixou de ser algo abstrato. Tornou-se algo real, frustrante, confuso e necessário, e eu tinha muito dele em minha vida.

Foi algo esmagador. Ainda estou tentando dar sentido a tudo isso, embora sempre tenha estado ali.

Agora já se passaram mais de dois anos. Há um latejar em meu tornozelo esquerdo que me lembra: "Um dia, esses ossos foram estilhaçados".

Eu sempre imagino como deve ser a aparência da cura — no corpo, no espírito. Sou atraída pela ideia de que a mente e a alma podem ser curadas de maneira tão esmerada quanto os ossos. Que se forem devidamente montadas por determinado período de tempo, podem recuperar a força original. A cura não é tão simples. Nunca é.

Anos atrás, eu disse a mim mesma que um dia pararia de sentir essa ira silenciosa, porém permanente, que sinto por conta das coisas que passei em mãos alheias. Eu acordaria e não haveria mais *flashbacks*. Eu não despertaria para pensar nas minhas histórias de violência. Não sentiria o cheiro fermentado da cerveja e, por um segundo, por vários minutos, por horas, eu me esqueceria de quem sou. E seguiria adiante, adiante, adiante. Esse dia nunca chegou, ou ainda não chegou, e não estou mais esperando por ele.

Chegou, porém, um dia diferente. Eu me retraio cada vez menos quando sou tocada. Nem sempre enxergo a gentileza como a calma que precede a tempestade, porque, mais frequentemente, posso confiar que não há tempestade a caminho. Guardo menos raiva de mim mesma. Tento me perdoar por minhas transgressões.

Em meu romance, *An Untamed State*, depois que Miri, minha protagonista, vive seu próprio inferno pessoal, ela pensa como às vezes coisas partidas precisam ser ainda mais partidas antes de serem verdadeiramente curadas. Ela quer encontrar algo que a possa estilhaçar desse modo necessário para poder voltar à vida que tinha antes de ser sequestrada.

Eu fui quebrada e então quebrei meu tornozelo e fui forçada a encarar muitas coisas que por muito tempo eu havia ignorado. Fui forçada a encarar meu corpo e sua fragilidade. Fui forçada a parar, a respirar e a me importar comigo mesma.

Sempre tive medo de não ser forte o suficiente. Pessoas fortes não passam por situações vulneráveis pelas quais eu passei. Pessoas fortes não cometem os erros que cometo. Isso é uma insensatez que nutri ao longo dos anos, conceitos que eu desaconselharia a qualquer outra pessoa, mas que ainda carrego comigo. Quando me preocupo por não ser forte, me torno muito interessada em parecer invulnerável, inquebrável, rígida como uma rocha, uma fortaleza, autossuficiente. Receio que precise manter essa aparência, mesmo quando eu não possa.

Antes de 10 de outubro de 2014, eu estava me destruindo. Sempre fiz isso, sempre fui implacável, forçava e forçava, me achava sobre-humana. Você pode fazer isso quando tem vinte anos, porém, aos quarenta, o corpo basicamente diz: “Caia na real. Sente-se um pouco. Coma legumes e tome suas vitaminas”. Cheguei a várias conclusões depois que quebrei meu tornozelo. A mais profunda delas foi que parte da cura é cuidar de seu corpo e aprender a ter um relacionamento humano com ele.

Eu estava quebrada e aí me quebrei mais, e ainda não estou curada, mas comecei a acreditar que ficarei.

Capítulo 83

Quando publiquei meu romance, eu meio que sabia que as coisas mudariam, mas fui bem passiva quanto a isso, em parte porque estava um pouco ressentida do fato que, quando uma mulher escreve, sua história pessoal se torna parte da história, mesmo que o romance seja ficcional.

Meus pais sempre souberam que eu era escritora. Ainda menina, eles incentivavam minha criatividade, compraram a minha primeira máquina de escrever, liam as histórias que eu escrevia e elogiavam-nas, como fazem os pais amorosos. Mas minha escrita também era algo vago para eles, particularmente quando eu era uma escritora desconhecida, sem um livro, digamos, na Barnes & Noble. Eles não tinham familiaridade com as revistas on-line nas quais a maior parte do meu trabalho era publicada, e eu não me esforçava para compartilhar meu trabalho com eles. Quando meu conto "North Country" foi incluído em *The Best American Short Stories*, eu disse à minha mãe, e ela perguntou: "O que é isso?".

Fui bem vaga em relação ao lançamento de *An Untamed State* e *Má feminista*. Fui particularmente silenciosa quanto às revelações a serem encontradas em *Má feminista*. Depois, a revista *Time* publicou uma resenha e fez referência ao meu estupro, que não é segredo para ninguém que tenha lido os meus ensaios, mas na época era segredo para a maior parte da minha família. O que aconteceu não foi algo que discuti com minha família. Eu não podia falar sobre isso com eles — era demais. As lembranças são muito recentes, mesmo agora. As consequências ainda estão comigo. Ou isso era um segredo.

No dia em que meu pai leu o artigo, ele me ligou e disse: "Eu li a matéria na *Times*". Eu estava indiferente, mas sabia onde ele iria chegar.

Algumas semanas antes, minha mãe tinha me dado umas cutucadas, ao seu jeito, e nós tivemos uma conversa sobre como, às vezes, crianças que têm ótimos pais se sentem amedrontadas em contar a eles sobre uma experiência traumática. Eu disse a ela que a maior parte da minha escrita é sobre violência sexual e trauma. Nós conversamos sobre como torcemos para que o mundo seja melhor para minha sobrinha e que, se algo acontecesse com ela, ela deveria falar com alguém. Percebi que minha mãe sabia e fiquei grata que ela e eu fôssemos tão parecidas, e que fosse suficiente falar ao redor da verdade, em vez de encará-la diretamente.

Quando fui visitar meus pais, depois do artigo na *Times*, meu pai perguntou: "Por que você não nos contou sobre o que aconteceu?". Eu disse: "Pai, eu estava com medo. Achei que fosse me encrencar".

Quando eu tinha doze anos, sentia muita vergonha do que tinha acontecido, de tudo que tinha feito com um menino que eu queria que me amasse e de tudo que me levou ao que aconteceu com ele e seus amigos, às consequências. Achei que fosse culpa minha. Meu pai me disse que eu merecia justiça. Ele me disse que teria feito justiça por mim, e eu me voltei para dentro de mim mesma, como sempre faço. Passei o restante da conversa desviando o olhar para um dispositivo eletrônico. Eu poderia ter lidado melhor com isso, mas estava ouvindo o que precisei ouvir por tanto tempo e queria desabar, embora não soubesse mais como fazer isso. Minha família sabe do meu segredo. Eu estou liberta, ou parte de mim está liberta e parte de mim ainda é a menina da floresta. Posso ser sempre aquela menina. Meu pai e meus irmãos querem nomes. Eu não falarei o nome dele.

Agora minha família me compreende mais, acho, e isso é bom. Eu quero que eles me compreendam.

Quero ser compreendida.

Capítulo 84

Alguns anos atrás, procurei aquele menino do meu passado, quis saber o que havia acontecido com ele. Ele não tem um nome incomum, mas também não se chama John Smith, portanto, eu tinha uma chance. Procurei, procurei e procurei. Tornou-se uma pequena obsessão. Todos os dias eu percorria centenas de links que surgiam quando eu buscava seu nome no Google. Tentei combinações de seu nome e o estado onde o conheci, mas ele não mora mais lá. Tentei adivinhar no que ele se transformara depois de adulto — meus dois primeiros palpites foram político ou advogado, então você provavelmente pode adivinhar o tipo de pessoa de que se trata. Eu o encontrei. Ele não é político nem advogado, mas não passei tão longe. As pessoas não mudam. Fiquei imaginando se eu o reconheceria. Eu não deveria imaginar. Há alguns rostos que você não esquece. Ele está exatamente igual. Exatamente. Parece um pouco mais velho, mas não muito. Seus cabelos estão mais escuros. Sei quanto tempo faz desde a última vez que o vi, os anos, meses e dias. Faz mais de vinte anos, mas menos de trinta. Eu o reconheceria em qualquer lugar. Ele usa o cabelo do mesmo jeito, engomado e arrumadinho. Tem um rosto largo. É executivo em uma grande empresa. Tem um cargo importante. Exibe a mesma expressão facial presunçosa de "o mundo é meu", aquela arrogância inata de pessoas como ele. Desde que o encontrei, eu o procuro no Google em intervalos de alguns dias, como se quisesse ter certeza de que ele não vai desaparecer. Preciso saber onde ele está. Preciso entender, a toda hora, a distância entre ele e eu, só para garantir. Não sei por que estou dizendo isso. Ou sei. Eu procurei por ele no Google quando escrevi este livro. Não sei o motivo. Ou sei. Fiquei sentada durante horas olhando sua foto no site de sua empresa. A imagem me deixa nauseada. Sinto seu cheiro. Isso é o que o futuro traz. Penso em ir atrás dele da próxima vez que estiver em sua cidade. Às vezes eu estou por lá. Se eu dissesse aos meus amigos de lá o que pretendia fazer, eles tentariam me impedir, então eu esperaria e guardaria meus planos para mim, cometendo o pecado da omissão. Eu sou boa em esperar. Poderia dar um tempo para encontrá-lo. Ele não me reconheceria. Quando ele me conheceu, eu era magra e bem mais baixa. Eu era bem pequena, bonitinha e inteligente, mas não esperta. Não sou mais aquela garota. Eu poderia encontrá-lo e me esconder a olhos vistos. Ele não me veria. Sei onde ele trabalha, seu endereço de e-mail, seu telefone e seu número de fax. Não tenho essas coisas escritas, mas eu sei. Tenho tudo salvo e talvez gravado na memória. Eu sei como é a rua do lado externo do prédio de seu escritório, graças ao Google Maps Street View. Tem palmeiras. Ele tem uma bela vista. Esse é o futuro. Não tenho nada a dizer a ele, ou melhor, nada que eu realmente dissesse a ele. Ou tenho. Talvez eu tenha tudo a lhe dizer. Não sei. Fico imaginando onde ele mora. Se eu fosse até seu local de trabalho e esperasse do lado de fora, no estacionamento, e o seguisse até em casa, eu poderia descobrir onde ele mora, como ele mora. Poderia ver onde e como ele dorme à noite. Fico imaginando se é casado, se tem filhos, se é feliz. Será que ele é um bom marido, um bom pai? Penso se ele ainda mantém contato com os rapazes com quem andava. Se eles falam dos bons tempos, se falam de mim. Fico pensando se ele me diria seus nomes, porque eu realmente não os conhecia, só de vista, e depois conheci, mas nunca soube seus nomes. Fico imaginando se ele se tornou uma boa pessoa. Houve uma vez em que estávamos nos beijando na floresta e meu irmão mais novo nos flagrou e depois passou semanas me chantageando. Eu tinha que fazer tudo que ele queria, ou ele me entregaria, então fiquei fazendo todas aquelas tarefas tolas, sempre me preocupando que ele fosse contar aos meus pais que eu era uma garota católica má. Relações entre irmãos são estranhamente corruptas. Na época, meu irmão caçula também me disse que não gostava desse cara e que eu devia ficar longe dele. Eu disse que ele estava sendo tolo e imaturo. Eu tinha um romance secreto com um menino de ouro. Só isso importava. Disse que ele estava com inveja porque alguém gostava de mim. Disse ao meu irmão que ele era só uma criança, que não poderia entender. Eu deveria ter ouvido meu irmão. Eu também era só uma criança. Eu me pergunto como esse homem do meu passado toma seu café, porque há uma Starbucks bem em frente ao escritório dele. O Google também me mostrou isso. Fico imaginando se ele come carne vermelha, se ainda gosta de olhar revistas *Playboy*, se tem algum hobby e se ainda é cruel com crianças gordas. Eu era louca por ele. Eu provavelmente teria feito qualquer coisa, se ele tivesse se dado ao trabalho de pedir. Será que as pessoas ainda gostam dele como gostavam? Que tipo de carro ele tem? Será que ele é próximo de seus pais? Eles moram na mesma casa? Liguei para seu escritório e pedi para falar com ele. Fiz isso mais de uma vez. Na maioria das vezes, eu logo desliguei. Sua secretária passou minha ligação depois que inventei um motivo para precisar falar com ele. Foi uma boa história. Quando ouvi sua voz, deixei o telefone cair. Sua voz não mudou. Quando peguei novamente o telefone, ele estava dizendo "Alô, alô, alô...". Isso se repetiu por um bom tempo. Ele não parava de dizer alô. Foi como se ele soubesse que era eu, como se ele também estivesse esperando, e depois de um bom tempo ele parou de dizer alô e nós ficamos ali em silêncio, e eu fiquei esperando que ele desligasse, mas ele não o fez, nem eu, então só ficamos ouvindo a respiração um do outro. Eu estava paralisada. Fico imaginando se ele pensa em mim, no que eu lhe dei antes que ele tomasse o que não dei. Imagino se ele pensa em mim quando faz amor com a esposa. Será que ele se sente enojado consigo mesmo? Ele fica excitado quando pensa no que fez? Será que eu lhe causo repulsa? Fico imaginando se ele sabe que penso nele todos os dias. Eu digo que não, mas penso. Ele está sempre comigo. Sempre. Não há paz. Fico imaginando se ele sabe que busquei homens que fizessem a mim o que ele fez, ou que eles frequentemente me encontravam porque sabiam que eu estava procurando. Eu me pergunto se ele sabe como eu os encontrei e como afastei todas as coisas boas. Será que ele sabe que, durante anos, não consegui parar o que ele começou? Fico imaginando o que ele pensaria se soubesse que, se eu não pensasse nele, não sentia nada fazendo sexo, que eu fingia, eu era muito convincente, e que quando pensava nele, o prazer era tão intenso que eu perdia o fôlego. Penso se ele conhece a história da espada de Dâmocles. Ele está sempre comigo, toda noite, não importa com quem eu esteja, sempre. Se eu fosse atrás dele, poderia fingir ser uma cliente procurando pelo seu negócio. Eu sei como me deslocar em seus círculos. Poderia agendar um horário para que ele me mostrasse coisas. Eu posso me dar ao luxo de estar na mesma sala que ele, embora duvide que ele jamais tenha imaginado isso. Eu também tenho um cargo importante. Poderia sentar de frente para ele, no que deve ser um escritório de canto, com uma bela vista. Não tenho dúvida de que sua mesa é imensa e imponente, e compensa por algo. Imagino quanto tempo teríamos que ficar sentados de frente um para o outro até que ele me reconhecesse. Eu me pergunto se ele me reconheceria. Se ele se lembraria de mim. Meus olhos não mudaram. Meus lábios não mudaram. Caso se lembrasse de mim, admitiria ou fingiria para ver até onde eu pretendia chegar? Fico me perguntando por quanto tempo eu ficaria sentada ali. Por quanto tempo conseguiria ficar sentada ali. Imagino se conseguiria lhe dizer o que me tornei, o que fiz de mim, o que fiz de mim apesar dele. Eu me pergunto se ele ligaria, se isso teria importância.

Capítulo 85

Estou dando pequenos passos na direção da vida que quero. Durante os últimos doze anos, eu vivi, um tanto infeliz, em áreas rurais. Sendo uma mulher negra, foi tudo bem difícil, para dizer o mínimo. Se eu for honesta comigo mesma, fora a pós-graduação, quando não tive escolha de onde morar, eu venho me escondendo. Tenho medo de viver numa cidade onde, pelo menos na minha cabeça, todos são magros, atléticos, bonitos e eu sou uma mulher abominável.

Passei cinco anos na Upper Peninsula, em Michigan — um lugar que eu nem sabia que existia até me mudar para lá para cursar o mestrado. Eu morava numa cidade de 4 mil habitantes. Na cidade seguinte, passando a ponte, havia 7 mil pessoas. Em minha cidade, as placas de trânsito eram em inglês e finlandês, pois lá ficava a maior concentração de finlandeses fora da Finlândia. Estávamos tão longe ao norte que a minha negritude era mais uma curiosidade do que uma ameaça. Eu era uma mulher deslocada, porém, nem sempre me sentia sem segurança. Havia as minas de cobre abandonadas e a majestade vasta do Lake Superior e muita floresta envolvendo tudo. Durante o outono, havia caça aos cervos, muitos veados. Os invernos eram intermináveis, quantidades inimagináveis de neve, a lamúria no motor das motoneves. Havia solidão. Havia meus amigos, que tornavam o isolamento suportável. Houve um homem que deixou tudo bonito.

Na região rural de Illinois, vivi numa cidade cercada de milharais, em um condomínio ao lado de uma campina aberta, o retrato da ambição frustrada de quando o construtor que fez o condomínio ficou sem dinheiro. A campina era ampla e verde, contornada pelas árvores. No outono, eu sempre via uma família de alces galopando pelo campo. Eles me lembravam de Michigan. Principalmente no começo, eles me faziam pensar: *Eu quero ir para casa*, e eu me surpreendia que meu coração, meu corpo, considerassem um lugar tão inesperado como lar. O homem não foi comigo. O homem não compreendia por que eu não podia, por que eu não criaria filhos negros no único lugar que ele já chamou de lar. Havia mais coisa, mas também teve isso. Ao final de cada verão, um fazendeiro ceifava o campo e levava o feno embora. Eu ficava na minha varanda e observava enquanto ele trabalhava metodicamente, tornando a terra útil. Eu tinha um emprego, sempre dizia a mim mesma. Pelo menos, eu tinha um emprego. Essa cidade era maior. Eu alimentava um pequeno sonho — viver num lugar onde pudesse ter alguém que fizesse meu cabelo — sem saber se esse sonho algum dia se realizaria. Havia um Starbucks, mas não muito além disso. Havia solidão. Havia alguns poucos homens inconvenientes que deixavam tudo horrível. Nós estávamos a três horas de Chicago, portanto, minha negritude era menos uma curiosidade e mais uma ameaça. E havia alunos negros no campus, aqueles abusados, se atrevendo a buscar educação superior. No jornal local, os moradores escreviam cartas zangadas a respeito de um novo elemento criminal — o açoite da ambição negra juvenil, da alegria negra. Nos meus momentos mais generosos, eu tentava acreditar que os locais estavam usando a raiva para mascarar seu medo de morar numa cidade moribunda dentro de um mundo em mutação.

Quatro anos depois, eu me mudei para a região central de Indiana, uma cidade bem maior, uma cidade ainda pequena. Nas primeiras semanas, fui vítima de preconceito racial numa loja de eletrônicos. Morar ali nunca ficou melhor. Quando eu lamentava meu desconforto em estar ali, conhecidos locais sempre tentavam me dizer "Nem todos os Hoosiers",* bem ao

* "Hoosier", pessoa natural do estado norte-americano de Indiana. (N. E.)

modo que os homens nas mídias sociais dizem "Nem todos os homens" para descartar discussões sobre misoginia. Há solidão. Ali, a Confederação está viva e muito bem, embora estejamos a centenas de quilômetros do Velho Sul. Há um homem que anda com uma picape preta imponente, com bandeiras da supremacia branca tremulando na traseira. Meu dentista me diz que moro na parte ruim da cidade. Não há parte ruim da cidade, na verdade. No jornal local, moradores escrevem cartas zangadas sobre um novo elemento criminal na cidade. "Gente de Chicago", dizem eles, que é um código para pessoas negras. No campus, alunos pró-vida escrevem mensagens com giz em calçadas, como "Planned Parenthood: Assassino Número 1 de Vidas Negras" e "Mãos ao alto, não aborte". Minha negritude é, novamente, uma ameaça. Não me sinto segura, mas sei o quanto tenho sorte, o que me leva a pensar o quão inseguras devem se sentir as pessoas negras que levam a vida de forma mais precária.

Amigos em outras cidades há muito me perguntam como consigo passar ano após ano nessas cidadezinhas tão inóspitas à negritude. Digo que sou do Meio-Oeste, pois sou mesmo, e que nunca vivi numa cidade grande, o que também é verdade. Digo que o Meio-Oeste é meu lar, mesmo que nem sempre me abrace, e que o Meio-Oeste é um lugar vibrante, necessário. Digo que posso ser escritora em qualquer lugar e, como acadêmica, vou para onde o trabalho me levar. Ou eu dizia essas coisas. Agora, estou simplesmente cansada. Digo: "Eu detesto isso aqui", e sou tomada por uma onda de prazer. Receio não poder ser feliz ou me sentir segura em lugar algum. Mas, então, viajo para lugares onde minha negritude é imperceptível, onde não sinto a necessidade constante de defender meu direito de respirar, de existir. Estou alimentando um novo sonho de um lugar que já considero como lar — um céu radiante, um mar imenso. Estou aprendendo a fazer meu lar baseada no que quero e preciso, no fundo do meu coração. Decidi que não vou permitir que meu corpo dite minha existência, ao menos não inteiramente. Não vou me esconder do mundo.

Capítulo 86

Meu corpo e a experiência de me deslocar pelo mundo em meu corpo moldaram meu feminismo de maneiras inesperadas. Viver em meu corpo expandiu minha empatia por outras pessoas e as verdades do corpo delas. Com certeza, isso me mostrou a importância da inclusão e aceitação (não meramente a tolerância) de diversos tipos físicos. Mostrou-me que ser uma mulher com tamanho, frase que uso para discretamente informar os outros do meu corpo de um jeito que pareça minimamente digno, é tão parte da minha identidade, e tem sido por pelo menos vinte anos, quanto qualquer outra parte da minha identidade. Apesar das frustrações, humilhações e desafios. Também procuro encontrar meios de honrar meu corpo. Esse corpo é resiliente. Ele pode suportar todo tipo de coisa. Meu corpo me oferece o poder da presença. Meu corpo é poderoso.

Além disso, meu corpo me forçou a prestar atenção em como outros corpos, de habilidades diferentes, se movem pelo mundo. Não sei se gordura é uma deficiência, mas meu tamanho certamente compromete minha habilidade de estar em determinados espaços. Não posso subir muitos degraus, portanto, estou sempre pensando no acesso ao espaço. Tem elevador? Tem degraus para subir no palco? Quantos? Tem corrimão? O fato de ter que me fazer essas perguntas me mostra uma fração das perguntas que pessoas com deficiências devem fazer para circular pelo mundo. Isso me mostra o quanto eu subestimo, o quanto todos subestimamos quando temos corpo sem deficiência.

Durante um evento com Gloria Steinem, em que ela estava promovendo seu livro *Minha vida na estrada*, nós estávamos sentadas num palco em Chicago. Eu estava tentando manter a calma porque era Gloria Steinem que estava sentada ao meu lado. Alguns palmos à nossa direita estava a intérprete de sinais. Conforme Gloria e eu começamos a falar, notamos que surgiu um burburinho na plateia. Várias pessoas queriam que a intérprete chegasse para o lado, para que elas pudessem ter uma visão melhor de Gloria e de mim. O pedido delas era compreensível, já que as linhas de visão são importantes. Porém essas linhas de visão com certeza não eram mais importantes do que a intérprete ser visível para as pessoas com deficiência auditiva. A intérprete levantou e olhou ao redor do palco, claramente confusa e aflita. Eu disse a ela que sentasse onde estava e que os outros nos verem não era tão importante quanto ela ser vista. Afinal, era uma conversa. O que importava era que fôssemos ouvidas por *todos* que estavam na plateia.

Não compartilho essa história porque me acho especial ou porque preciso ser parabenizada. Em vez disso, esse foi um daqueles momentos quando tive uma sensibilidade maior, e que só pôde aflorar por conta das realidades do meu corpo. Foi um momento em que compreendi que todos precisamos ter mais consideração com as realidades dos corpos alheios.

Fiquei e sou grata por aquele momento. Sou grata pelo meu corpo, por mais indisciplinado que ele seja, por ter me permitido aprender com aquele momento.

Capítulo 87

Eu sempre me pergunto quem eu teria sido se esse fato terrível não tivesse me acontecido, se eu não tivesse passado tanto tempo da minha vida tão faminta. Fico imaginando como teria sido a vida da Outra Roxane, e quando imagino essa mulher que, de alguma forma, chegou à idade adulta ilesa, ela é tudo que não sou. Ela é magra e atraente, popular, bem-sucedida, casada, tem um ou dois filhos. Ela tem um bom emprego e um guarda-roupa incrível. Ela corre e joga tênis. É confiante. É sexy e desejada. Caminha pela rua de cabeça erguida. Ela não está sempre com medo e ansiosa. Sua vida não é perfeita, mas ela está em paz. Ela é tranquila.

Ou, explicando de outra maneira, tenho pensado muito em como deve ser um luxo se sentir confortável em seu corpo. Será que alguém se sente à vontade com o próprio corpo? Revistas femininas me levam a crer que essa é, de fato, uma experiência rara. O modo como minhas amigas falam do corpo delas me leva à mesma conclusão. Todas as mulheres que conheço estão perpetuamente de dieta. Eu sei que não me sinto à vontade em meu corpo, mas quero me sentir, e é nisso que estou trabalhando com afinco. Estou trabalhando para abandonar as mensagens culturais nocivas que me dizem que meu valor está estritamente ligado ao meu corpo. Estou tentando desfazer todas as coisas odiosas que digo a mim mesma. Estou tentando encontrar meios de manter minha cabeça erguida quando entro numa sala e encarar as pessoas que me encaram.

Sei que não é meramente a perda de peso que irá me ajudar a me sentir confortável em meu corpo. Racionalmente, não consigo equacionar magreza com felicidade. Eu poderia acordar magra amanhã e ainda carregaria a mesma bagagem que tenho arrastado por quase trinta anos. Eu ainda exibiria a cicatriz de muitos daqueles anos como uma pessoa gorda em um mundo cruel.

Um dos meus maiores medos é que eu jamais elimine totalmente essa cicatriz. Uma das minhas maiores esperanças é que um dia eu tenha eliminado a maior parte dessa cicatriz.

Capítulo 88

Quando eu tinha doze anos, fui estuprada e depois eu comi, comi, comi e comi para transformar meu corpo numa fortaleza. Virei uma pessoa problemática e depois cresci e me afastei daquele dia terrível e me tornei uma pessoa problemática diferente — uma mulher fazendo o melhor que pode para amar bem e ser bem-amada, viver bem e ser humana e boa.

Estou tão curada quanto posso ficar. Aceitei que jamais serei a garota que eu poderia ter sido se, se, se. Ainda sou assombrada. Ainda tenho *flashbacks* que são originados pelas coisas mais inesperadas. Não gosto de ser tocada por pessoas com quem não tenho nenhuma intimidade. Sou desconfiada de grupos de homens, especialmente quando estou sozinha. Tenho pesadelos, embora com menos frequência. Jamais perdoarei os meninos que me estupraram, e estou totalmente confortável com isso, porque perdoá-los não me libertará de nada. Não sei se sou feliz, mas posso ver e sentir que essa felicidade está bem ao meu alcance.

Porém.

Não sou a mesma garota amedrontada que fui. Deixei as pessoas certas entrarem. Encontrei minha voz.

Estou aprendendo a ligar menos para o que as outras pessoas pensam. Estou aprendendo que a medida da minha felicidade não é a perda de peso, mas, em vez disso, sentir-me mais confortável em meu corpo. Estou cada vez mais comprometida em desafiar as normas culturais nocivas que ditam excessivamente o modo como as mulheres vivem sua vida e tratam seu corpo. Estou usando minha voz, não apenas para mim, mas para pessoas cuja vida exija ser vista e ouvida. Eu trabalhei duro e estou desfrutando de uma carreira que nunca ousei achar possível.

Agradeço pelo fato de que ao menos parte de quem sou surgiu do pior dia da minha vida, e não quero mudar quem eu sou.

Já não preciso mais do corpo-fortaleza que construí. Preciso derrubar algumas paredes e fazer isso por mim, apenas por mim, independentemente do bem que surja dessa demolição. Penso nisso como *des-destruir* a mim mesma.

Escrever este livro foi a coisa mais difícil que já fiz na vida. Expor-me de forma tão vulnerável não tem sido fácil. Enfrentar a mim mesma e o que tem sido viver em meu corpo não vem sendo fácil, mas eu escrevi este livro porque senti que era necessário. Ao escrever esta autobiografia do meu corpo, ao contar essas verdades sobre o meu corpo, estou compartilhando a minha verdade e somente a minha. Compreendo se essa verdade for algo que você não quer ouvir. A verdade também me deixa incomodada. Mas também estou dizendo que aqui está meu coração, o que sobrou dele. Aqui estou eu, lhe mostrando a ferocidade da minha fome. Aqui estou eu, finalmente me libertando para ser vulnerável e terrivelmente humana. Aqui estou eu, me deleitando com essa liberdade. Aqui. Veja do que tenho fome, e o que minha verdade me permitiu criar.

Agradecimentos

Partes desta autobiografia, em diferentes formas, apareceram em Good, *Tin House*, *Autostraddle*, *The Toast*, *xoJane* e *Brevity*.

Obrigada a *Law & Order:* svu, por estar sempre no ar, para que eu possa ter algo familiar ao fundo enquanto escrevo.

Quero agradecer a Maya Ziv, Cal Morgan, Kate D'Esmond, Amanda Pelletier e Emily Griffin, da HarperCollins, por apoiarem este livro tão vorazmente, tão completamente. Maya, que foi quem adquiriu este livro, sempre foi sua mais ardente defensora, e Emily ofereceu edições generosas e perspicazes que ajudaram a moldar este livro no que ele é.

Obrigada ao "Team Gay", que inclui minha incrível agente literária, Maria Massie; minha agente de filmes e tv, Sylvie Rabineau; meus agentes de palestras, Kevin Mills e Trinity Ray; e meu advogado, Lev Ginsburg.

Agradeço a Sarah Hollowell, uma linda jovem que conheci no Midwest Writers Workshop, que me ensinou mais do que ela jamais saberá sobre meu direito de ocupar espaço e advogar pelo meu corpo e me sentir bonita em meu corpo, exatamente como ele é.

Obrigada aos meus amigos Lisa Mecham, Laurence José, Alissa Nutting, Jami Attenberg, Molly Backes, Brian Leung, Terry McMillan, Lidia Yuknavitch, Mensah Demary e Brian Oliu. Também agradeço a alguém que eu tenha me esquecido, porque sempre me esqueço de alguém e peço desculpas por isso.

Obrigada à minha família, que sempre me amou incondicionalmente e garantiu que eu sempre soubesse que podia voltar para casa — Michael e Nicole Gay, Michael Gay Jr., Jacquelynn Camden Gay e Parker Nicole Gay, Joel e Hailey Gay, Sony Gay, Marcelle Raff, Mesmin Destin e Michael Kosko.

Encontrei coragem para escrever *Fome* por conta do apoio da minha melhor amiga, Tracy, que me vê como sou, me aceita como sou, me ensinou a usar o Snapchat e sempre me faz rir. Obrigada, obrigada, obrigada.

Este livro, composto na fonte Fairfield,
foi impresso em papel Avena 70 g/m^2, na Edigráfica.
São Paulo, outubro de 2017.